Mosaik
bei GOLDMANN

Buch

Nur allzu oft bleibt die Lust der Frau trotz Vorspiels, exotischer Stellungen und sportiver Ausdauer auf der Strecke. Denn noch immer haben die meisten Männer nicht viel Ahnung von der weiblichen Sexualität – auch die nicht, die sich für sensible und einfühlsame Liebhaber halten. Sandra Maravolo verrät in diesem Buch, was Frauen wirklich anmacht – und was sie abtörnt: von der ersten Kontaktaufnahme über prickelnde Appetitanreger bis zu oralen Genüssen.

Autorin

Sandra Maravolo, Deutschitalienerin, gelernte Werbefachfrau, bekam mit 16 Jahren ihren ersten Dildo geschenkt. In ihrem Frankfurter Frauensexshop InsideHer spricht sie täglich mit Frauen über deren sexuelle Wünsche und Bedürfnisse und ist für viele ihrer Kundinnen die einzige Person, mit der sie sich darüber austauschen können.

Website: www.insideher.de
E-Mail: info@erotischesfuerfrauen.de

Sandra Maravolo

Eine Frau verrät ihrem besten Freund

Was Frauen wirklich antörnt

Mosaik
bei GOLDMANN

Die Ratschläge in diesem Buch sind von der Autorin und vom Verlag sorgfältig erwogen und geprüft, dennoch kann eine Garantie nicht übernommen werden. Ein Haftung der Autorin bzw. des Verlags und seiner Beauftragten für Personen-, Sach- und Vermögensschäden ist ausgeschlossen.

Umwelthinweis:
Alle bedruckten Materialien dieses Taschenbuches sind chlorfrei und umweltschonend.

1. Auflage
Vollständige Taschenbuchausgabe Juni 2004
Wilhelm Goldmann Verlag, München,
ein Unternehmen der Verlagsgruppe Random House GmbH

Umschlaggestaltung: Design Team München
Umschlagfoto: Getty Images
Illustrationen: Daniela Ballweg, dballweg@aol.com,
www.schule-fuer-mgd.de
Satz: Uhl + Massopust, Aalen
Druck: GGP Media, Pößneck
Verlagsnummer: 16658
Kö/ue · Herstellung: IH
Printed in Germany
ISBN 3-442-16658-6
www.goldmann-verlag.de

INHALT

Vorwort

Es war ein Tag wie jeder andere, an dem ich begann, dieses Buch zu schreiben. Drei Vibratoren, zehn Flaschen Gleitgel, pinkfarbene Plüschhandschellen, vier BHs und ein offenes Höschen gingen über die Theke. Zwei meiner Kundinnen fragten mich mal wieder nach bahnbrechenden Neuigkeiten auf dem Sexspielzeugmarkt, die es ihnen endlich ermöglichen könnten, gleichzeitig mit ihrem Freund zu kommen. Ich hörte mich zum hundertsten Mal die Frage stellen: Ist das denn wirklich so wichtig? Meine Kundinnen fanden das nicht, aber ihre Männer legten offensichtlich enormen Wert darauf, weshalb diese Damen sich beim Sex in erster Linie darauf konzentrierten, nicht nur überhaupt, sondern auch noch gemeinsam mit ihm zu kommen. Dieses Problem hatte ich auch schon oft mit meinem besten Freund Lars diskutiert. Wir kennen uns aus der Schule. Damals hat mich am meisten gewundert, warum ein so gut aussehender, intelligenter und cooler Typ so unsicher im Umgang mit dem anderen Geschlecht sein kann. Durch unzählige Gespräche sind wir füreinander so etwas wie Spione im fremden Lager geworden. Früher ging es sogar so weit, dass ich mich als Demonstrationsobjekt opferte, um dem völlig ahnungslosen Kerl die genaue Lage der Klitoris zu veranschaulichen. Das war, wie sich herausstellte, auch dringend nötig. Den Zahn mit dem gemeinsamen Orgasmus habe ich ihm schon früh gezogen und seitdem ist sein Motto: Ladies first. Das hat ihm ganz schnell den Ruf eines phänomenalen Liebhabers eingebracht, und noch heute holt er sich in Frauenfragen meinen Rat. Damals erklärte ich ihm, dass ebenso selten, wie die weiblichen Körpermaße 90/60/90 betragen, Frauen das Glück beschert ist, bei vaginaler Penetration durch einen Penis, und sei er auch noch so stattlich, einen Orgasmus zu bekommen. Das ist zwar schade, aber Realität. Frauen würden so ziemlich alles tun, um genauso schnell und problemlos bereit zu sein wie ihre männlichen Bettgenossen. Da es jedoch bislang der Pharmaindustrie noch nicht gelungen ist, ein Testosteronpräparat ohne störende Nebenwirkungen wie Bartwuchs und Brustschwund zu entwickeln, müssen Männer und Frauen versuchen, aus den unterschiedlichen Voraussetzungen das Beste zu machen.

Vielleicht war diese besonders offene Freundschaft mit Lars der Auslöser dafür, dass ich 1995 in Frankfurt einen Frauenerotikladen aufgemacht habe. Aber durch die Gespräche mit meinen Kundinnen und Kunden ist mir erst richtig bewusst geworden, dass Frauen und Männer – zumindest was den Sex betrifft – so wesensfremd sind wie Hund und Katze. Will man einen Hund kraulen, lässt er sich bestimmt nicht zweimal bitten, legt sich sofort auf den Rücken und wirft die Ärmchen nach hinten. Katzen hingegen bestimmen Zeitpunkt und Dauer für ihre Streicheleinheiten lieber selbst. Wenn sie keine Lust mehr darauf haben, schlagen sie blitzschnell mit ausgefahrenen Krallen zu. Leider setzt eine Frau ihre Krallen nicht ein, wenn sie keinen guten Sex hat. Sie wird es eher über sich ergehen lassen, wird dabei an den letzten Urlaub oder Brad Pitt denken, auf die Uhr gucken und danach unnötig viel Geld für Frustkäufe ausgeben. (Denken Sie dran, liebe Männer: Möglicherweise gibt sie dabei *Ihr* sauer verdientes Geld aus!) Oder – eine weitaus dramatischere, aber durchaus gängige Variante – sie wird Ihnen mehrere Orgasmen vortäuschen, schwanger werden, Sie heiraten und fortan finden: Sex ist doch wirklich nicht so wichtig.

Aber glauben Sie mir: Frauen, die wissen, wie sich guter Sex anfühlt, würden so etwas nie behaupten.

Lars fragte mich, warum Frauen nicht einfach sagen, was sie gern hätten. Wollen Sie meine Meinung dazu hören? Ich glaube, es liegt daran, dass Frauen vor allem gefallen wollen. Sie haben Angst, ihre Bedürfnisse anzumelden und den Mann damit zu überfordern. Der könnte am Ende noch denken: »Oweia, die Alte ist ja ziemlich anstrengend«, und sie dann wie eine heiße Kartoffel fallen lassen. Hinzu kommt noch, dass Frauen oft noch nicht einmal mit ihren Freundinnen über sexuelle Probleme sprechen. Oder sie haben von anderen Frauen gehört, die von vaginalen Orgasmen gesprochen haben, als seien die das Normalste der Welt. Und vor lauter Angst, als nicht normaler Sexpartner enttarnt zu werden, fangen sie an, Theater zu spielen. Und wenn sie erst einmal mit so was angefangen haben, ist es ganz schwer, wieder damit aufzuhören.

Frauen stellen ihre eigenen Bedürfnisse eben gern mal hintenan. Manchmal wissen sie selbst nicht richtig, was sie wollen. Oder sie leben frei nach dem Motto: Reden ist Silber, Schweigen ist Gold. Auch durchaus selbstbewusste Frauen sind offensichtlich der Meinung, Männer seien Hellseher. Müssen sie dann irgendwann einsehen, dass das mit der Intuition nicht ganz so hinhaut, würden sie ihrem Lover lieber einen Aufklärungsfilm zeigen, als selbst mit der Sprache rauszurücken. So kommt es dazu, dass manche Frauen nie im Leben beim Sex mit einem Mann einen Orgasmus haben. Wenn sie es sich auch nicht selbst besorgen, wissen sie noch nicht einmal, wie sich so ein Orgasmus anfühlt. So etwas erklärt einem schließlich auch niemand.

In meinem Sexualkundeunterricht ging es jedenfalls vor allem um Fakten, nie um Gefühle. Mein Lehrer damals war katholischer Priester. Ich war elf. An der Tafel hing eine große »Landkarte« mit den inneren Sexualorganen. Seitdem weiß ich alles über Eisprung, Menstruation und Spermienform. Die Klitoris hatten sie auf der Abbildung völlig vergessen. (An dieser Stelle ganz herzlichen Dank an die Bravo und Dr. Sommer, ohne die meine Freundinnen und ich ganz schön auf dem Schlauch gestanden hätten.) Leider hat diese Art der Aufklärung auch ihre Tücken: Welches Mädchen will nach all den detaillierten Horrorstories von Schmerz, Blut und Tränen überhaupt noch einen ranlassen? Die Begegnung mit einem Außerirdischen macht weniger Angst als die Vorstellung von so einem gigantischen Pimmel zwischen den Beinen.

Während wir uns damals Sorgen über die Ausmaße des männlichen Genitals machten, übten die Jungs in den Pausen Weitpinkeln, verglichen die Größe ihrer Schniedel und zählten ihre Schamhaare. Niemals hätten wir mit ihnen über unsere Ängste gesprochen. Daran hat sich bis heute nicht viel geändert, denn noch immer sprechen wir eher mit unserer besten Freundin über unsere Probleme im Bett als mit unseren Partnern. Und wir warten, meistens vergebens, dass die damit meist völlig zu Recht überforderten Männer zufällig die richtigen Knöpfe drücken. Mal abgesehen davon, dass es bei jeder Frau verschiedene Knöpfe sind.

Doch bei allen Unterschieden gibt es immerhin einen Punkt, in dem sich Frauen und Männer einig sind: Sex ist am besten, wenn es beiden Spaß macht!

Damit sind wir wieder bei der Eingangsfrage angelangt: Warum legen vor allem Männer so viel Wert auf den gemeinsamen Höhepunkt? Lars hatte darauf so recht keine Antwort. Bis er dann unsicher meinte: »Es ist vielleicht das einzig sichere Indiz dafür, dass ich ein guter Liebhaber bin.«

Da Frauen und Männer im Bett nun mal selten reden, bleibt bei den Männern oft ein Gefühl der Unsicherheit: »Mach ich wirklich das Richtige im richtigen Moment?«

Ich rede gern über Sex. Das war schon so, bevor ich überhaupt welchen hatte. Mit zwölf habe ich Josefine Mutzenbacher und sämtliche erotischen Werke aus dem Bücherschrank meiner Eltern verschlungen. Kein Sexratgeber, kein Aufklärungsbuch waren in der Pubertät vor mir sicher. Später hatte ich das Glück, immer mit Männern zu tun zu haben, die mein Faible für Verbalerotik teilten. So war mein Sexleben von Anfang an immer richtig lustig. Und ich hatte – dank Lars – das Privileg, in die sexuellen Abgründe von Männerseelen schauen zu dürfen. Seitdem ich auch mit Frauen ins Bett gehe, habe ich noch viel dazugelernt. Unter anderem, dass weder die weibliche Ejakulation noch der G-Punkt ein Mythos sind. Lieber Leser, Ihr kleiner Freund kann noch so prächtig sein, aber erst wenn Sie sich mit ihm die Schuhe zubinden können, kann er vielleicht in Konkurrenz treten mit den anderen Körperteilen, die Sie einfach viel besser im Griff haben. Mir persönlich sind schon immer die Männer am liebsten gewesen, die ihre Schwänze nicht so wichtig nahmen. Sie sind einfach die besseren Liebhaber. Würde ich eine Kontaktanzeige aufgeben, stünde da: »Suche aufgeschlossenen, kommunikationsfreudigen Mann mit Potenzproblemen!« Nach neuesten Umfragen haben 20 Prozent der Männer über 35 Angst, nicht mehr in der Lage zu sein, ihre Partnerin zu befriedigen. Als würden zeitgleich mit Abnahme der Potenz beide Hände abfallen und die Zunge schockgefrieren. Ich habe tatsächlich noch keine Frau getroffen, die sich über seine mangelnde Standfestigkeit beschwert hätte. Also: Vergessen Sie Viagra, kaufen Sie sich heute noch Fingerhanteln, lutschen Sie öfter mal ein Bonbon, trainieren Sie die Teile Ihres Körpers, für deren Einsatz Sie jede Frau vergöttern wird.

Haben Sie den Film »Was Frauen denken« gesehen? Der Hauptdarsteller hat den besten Sex seines Lebens, weil er bei einer heißen Nummer die Gedanken der Frau lesen kann. Alle Männer, die den Film kennen, erinnern sich vor allem an diese eine Szene und würden ihr letztes Hemd für eine solche Fähigkeit geben. Sie können Ihre Hemden behalten, meine Herren, denn in meinem Buch finden Sie jede Menge Tricks, allesamt von mir, Lars, meinen Geliebten, meinen besten Freundinnen oder Kundinnen erprobt. Ein paar davon sind allgemeingültig und funktionieren fast immer, andere sind spezieller. Es liegt an Ihnen, sich das Passende herauszusuchen. Sie haben es in der Hand.

Test: Sind Sie ein guter Liebhaber?

Bevor Sie jetzt weiterlesen, holen Sie sich schnell einen Bleistift. Nachdem Sie die für Sie stimmigen Testantworten angekreuzt haben, gehen Sie zur Testauswertung auf Seite 129, tragen Sie dort Ihre Antworten in die Tabelle ein, und lesen Sie die Auflösung. Danach können Sie entscheiden, ob Sie das Buch weiterverschenken, weil Sie in Sachen Sex bereits der absolute Champion sind, oder ob es doch schlauer wäre, hier und da eine kleine Bildungslücke zu schließen und tiefer in die Materie einzusteigen. Sollten Sie sich für die zweite Variante entscheiden, können Sie Ihr neu errungenes Wissen nach der Lektüre noch einmal überprüfen. Viel Erfolg!

Frage 1
Wann entscheidet eine Frau, ob sie sich grundsätzlich Sex mit einem Mann vorstellen kann?

a) Schon in den ersten dreißig Sekunden einer Begegnung.
b) Nachdem ich sie mit meinem neuen Auto abgeholt und dann in ein richtig teures Restaurant eingeladen habe.
c) Wenn ich mir ganz viel Mühe gebe, mit Blumen und Theatereinladungen und so, vielleicht nach drei Monaten.
d) Nachdem ich ihr einen Aidstest vorgelegt habe.

Frage 2
Wie bereiten Sie sich auf das erste Date mit einer neuen Flamme vor?

a) Ich stell schon mal das Bier kalt und ein paar Salzstangen bereit.
b) Nachdem wir zum Aufwärmen in der Sauna waren, lad ich sie zu mir auf einen Schampus ein. Der steht schon im Kühler neben dem Wasserbett.
c) Ich geh mit ihr ins Kino (in eine Liebesschnulze), man muss sich ja erst mal langsam kennen lernen.
d) Ich lade sie zu mir nach Hause ein, koch was Nettes, leg softe Musik ein, zünde ein paar Kerzen an und nehme zur Entspannung kurz vorher eine heiße Dusche.

Frage 3
Ihnen fällt auf, dass Sie es mit einer eher zurückhaltenden Dame zu tun haben. Sie möchten sie natürlich gern aus der Reserve locken. Was tun Sie?

a) Spätestens nach zwei Flaschen Champagner hat sich dieses Problem von allein gelöst.
b) Ich warte einfach mal ab, das wird sich schon legen. Ich falle nicht gern mit der Tür ins Haus.
c) Ich frage sie, ob sie nicht lieber nach Hause gehen möchte. Vielleicht fühlt sie sich ja beim nächsten Treffen besser.
d) Ich lege eine Schmuse-CD ein und frag sie, ob sie nicht Lust hat, ein bisschen mit mir zu tanzen.

Frage 4

Welche Utensilien sollten in keinem Schlafzimmer fehlen?

a) Ein Schlafanzug, eine Wärmflasche und kuschelige Bettwäsche.
b) Fernseher, Videogerät und schöne Pornofilme zum Antörnen.
c) Gleitgel, Massageöl und eine Flasche Wasser.
d) Dunkle Vorhänge, wegen der Nachbarn, und viele Kondome.

Frage 5

Was macht einen richtig guten Kuss aus?

a) Während man die Zunge sofort möglichst tief in den Mund schiebt, sollte sich gleichzeitig eine Hand um die Brüste kümmern.
b) Am Anfang nur mit geschlossenem Mund küssen, später dann ein bisschen mit der Zungenspitze an den Zähnen spielen.
c) Den Mund leicht öffnen und ganz leicht auf ihren Mund legen. Alles sollte ganz feucht sein. Eben so, wie die's im Film machen.
d) Weiche Küsse erst auf das Gesicht geben, dann leicht an den Lippen saugen, bevor die Zunge langsam, aber intensiv zum Einsatz kommt.

Frage 6

Was halten Sie von der Aussage: »Richtiger Sex fängt erst beim Vögeln an«?

a) Normalerweise hört richtiger Sex mit dem Vögeln auf.

b) Ich versteh immer nicht, was das mit Vögeln zu tun haben soll.
c) Ja, womit denn sonst? Ich hab ja nichts gegen ein Vorspiel, aber man sollte es nicht übertreiben.
d) Stimmt! Und wenn man sich gut kennt, dann klappt das auch.

Frage 7
Haben Sie schon mal beim Sex ein Gleitmittel verwendet?

a) Nein, ich mag nun mal keine Flecken auf dem Laken.
b) Seit wann braucht man Gleitgel? Ich muss nur meine Hose aufmachen, und die Frauen zerfließen ganz von allein.
c) Davon hab ich schon mal gehört. Das brauchen doch nur die älteren Frauen nach ihren Wechseljahren.
d) Logisch, wenn ich nur die Flasche sehe, werde ich ganz scharf. Da fühlt sich alles einfach noch besser an, und ich halte auch länger durch.

Frage 8
Wie reagieren Sie, wenn eine Frau direkt nach dem Orgasmus anfängt zu weinen?

a) Ich freu mir heimlich ein Loch in den Bauch und nehme sie ganz lieb in den Arm.
b) Ich schick sie nach Hause. Auf Heulsusen kann ich nun mal nicht.
c) Ich rufe sofort meine Mutter an und frage sie, woran das liegen kann.

d) Ich lasse sie besser mal in Ruhe und schlafe auf

dem Sofa. Bis zum nächsten Morgen wird sie sich hoffentlich wieder beruhigt haben.

Frage 9
Welcher Körperteil ist bei den meisten Frauen für einen Orgasmus verantwortlich?

a) Das weiß ja jedes Kind: Bei Frauen findet doch alles im Kopf statt.
b) Ich bin nicht ganz sicher. Ist es der Muttermund oder die Scheidenöffnung?
c) Natürlich mein Schwanz, was denn sonst?
d) Egal, was ich sonst noch mache, ich kümmere mich dabei immer auch um die Klitoris.

Frage 10
Wo, glauben Sie, befindet sich der U-Punkt bei einer Frau?

a) Ich glaube, direkt unterhalb der Gebärmutter.
b) So einen Punkt gibt es gar nicht, das wüsste ich nämlich.
c) Ist das nicht der Harnröhrenausgang?
d) U steht bestimmt für »Untenrum«. Gemeint ist der gesamte Genitalbereich.

Frage 11
Auch Frauen können ejakulieren. Glauben Sie das?

a) Das wäre ja noch schöner, was wollen die denn sonst noch alles können?
b) Nein, das glaube ich nicht. Aber manchmal versa-

gen die Muskeln, und dann wird ein bisschen Urin verspritzt.
c) Davon habe ich noch nie gehört. Klingt aber spannend.
d) Passiert das nicht manchmal, wenn man den G-Punkt stimuliert?

Frage 12

»Ach, leck mich doch …« Wie reagieren Sie auf eine solche Aussage einer Frau in Ihrem Bett?

a) Ich tue so, als hätte ich diese Beleidigung nicht gehört.
b) Ich lass mich zu nichts zwingen und: Zuerst bin ich dran!
c) Eigentlich muss mich dazu niemand auffordern, das mach ich schon aus freien Stücken.
d) Da bin ich total dagegen. Was man sich dabei alles holen kann, nicht auszudenken ... Und dann auch noch der Geschmack ...

Frage 13

Warum ist analer Sex bei vielen Frauen nicht sehr beliebt?

a) Wahrscheinlich haben die schon mal schlechte Erfahrungen mit einem unsensiblen Lover gemacht.
b) Das kann nur an meinem großen Pimmel liegen. Aber da müssen die durch. Mit Geduld und Spucke klappt das schon.
c) Ich kann das gut verstehen. Ist ja auch eine ziemlich schmutzige Angelegenheit. Ich hätte da auch keine Lust drauf.

d) Warum anal, wenn's doch vaginal gut funktioniert?

Frage 14
Was ist der Unterschied zwischen einem Vibrator und einem Dildo?

a) Das interessiert mich nicht, wozu hat mir der liebe Herrgott denn meinen tollen Schwanz gegeben? Das wäre eine völlig überflüssige Geldausgabe.
b) Da gibt es keinen Unterschied.
c) Ein Vibrator hat einen Motor und vibriert, ein Dildo nicht.
d) Ein Dildo sieht aus wie ein Penis, ein Vibrator hat eine neutrale Form. Oder?

Frauen und Autos

So wie ein Auto funktioniert auch der weibliche Körper nach den einfachen Gesetzen von Ursache und Wirkung. Was machen Sie, wenn Ihr Auto nicht startet? Sie steigen aus und schauen unter der Kühlerhaube nach. Also, nicht gleich irritiert aufgeben, wenn eine Frau nicht sofort anspringt, meistens liegt es am falschen Handling. Denken Sie daran: Zum Erwerb eines Führerscheins gehört auch mehr als eine Fahrstunde, und es dauert ewig, bis man an den Ampeln nicht mehr den Motor abwürgt. Zu Beginn gibt man meistens noch zu viel Gas oder erwischt den falschen Gang. Doch Frauen haben mindestens so viel Geduld wie ein Fahrlehrer. Und selbst wenn man die Führerscheinprüfung gemacht hat, braucht man immer noch viel Fahrpraxis, bis man schließlich so selbstsicher geworden ist, dass man sich hinter jedes Steuer setzt.

Stellen Sie sich einfach vor, dass die Frau, die sie da vor, neben oder unter sich haben, am besten abfährt, wenn Sie Ihr das gleiche Interesse entgegenbringen wie Ihrem Auto. Würden Sie das Gaspedal bis zur Wanne durchtreten, bevor das Auto warm ist? Natürlich nicht! Schon allein der hohe Benzinverbrauch spricht gegen ein hochtouriges Gängeausfahren, außerdem hält das kein Motor lange durch. Damen mögen es ebenfalls nicht, mit laufendem Motor liegen gelassen zu werden. Schnell ist die Batterie entladen, und Sie müssen aufs Neue anschieben ...
Frauen und Autos sind sich ähnlicher, als Sie denken.

Die Startvoraussetzungen

Frauen wollen erobert werden. Daran hat sich seit der Steinzeit nichts geändert. Dass sie außerdem auch noch ernst genommen werden wollen, ist ein relativ modernes Phänomen. Das muss ich Lars auch immer wieder sagen. Klar trägt die selbstbewusste Frau von heute kurze Haare, hat studiert und riskiert 'ne kesse Lippe. Aber sie möchte trotzdem immer noch nach allen Regeln der Kunst verführt werden. Also: Seien Sie charmant und gleichzeitig der einfühlsame, beste Freund. Hören Sie zu, halten Sie keine stundenlangen Monologe über Autos, Ihren Job oder Ihre Exfrau. Machen Sie ernst gemeinte Komplimente, ohne zu dick aufzutragen. Ein Strauß Blumen kommt auch immer noch gut, und wenn Sie ihr dann noch in den Mantel helfen und die Autotür öffnen, wird sie Ihnen das hoch anrechnen. Für weitere Anregungen empfehle ich den Knigge.

Wussten Sie, dass schon in den ersten dreißig Sekunden einer Begegnung zwischen zwei Menschen von beiden über das grundsätzliche sexuelle Interesse entschieden wird? Eher unwahrscheinlich ist jedoch, dass eine Frau, die scharf auf Sie ist, den ersten Schritt macht. Die Initiative liegt also bei Ihnen, auch wenn Sie es manchmal lieber andersrum hätten. Alle Frauen, die ich kenne, glauben, dass sie von einem Mann als intergalaktische Bedrohung wahrgenommen werden, wenn sie ihn offensiv angraben. Deshalb müssen Sie auf die leisen Töne, die kleinen Signale achten, die eine Frau aussendet, um auf sich aufmerksam zu machen. Kurze Blicke, die den Ihren nicht lange standhalten, ein winziges Lächeln sind normalerweise eindeutige Indizien dafür, dass Sie aktiv werden dürfen. Vergessen Sie bei aller Unsicherheit im Umgang mit dem anderen Geschlecht nie, dass Sie eigentlich nichts verlieren können. Lieber mal einen Korb gefangen, als eine eventuelle Chance verpasst. Das Motto ist: Wer nicht wagt, der nicht gewinnt. Man braucht sich nur mal in Bars oder Clubs umzuschauen. Hier treffen sich jede Menge Singles zum kollektiven Alleinherumstehen und wollen doch nichts mehr als jemanden kennen lernen. So wird das nie was. Einfach ein bisschen Quatschen schadet nie, und dabei merkt man immer ziemlich schnell, ob die Auserwählte Interesse hat oder nicht. Wenn sie sich nicht gleich abwendet, um sich in ein angeregtes Gespräch mit ihrer Freundin zu vertiefen, ist das doch schon mal besser als nichts. Kratzen Sie jetzt Ihren ganzen Charme zusammen, und bleiben Sie dran. Denn: Von nichts kommt nichts!

Ein paar gute Ratschläge:

- Beobachten Sie gut, und seien Sie immer aufmerksam, das ist der Schlüssel zum Erfolg.
- Komplimente kommen immer an. Nur plump dürfen sie nicht sein. Versuchen Sie es mit: »Du riechst so gut, welches Parfum ist das?«
- Schleichen Sie sich unauffällig an, und mischen Sie sich charmant und witzig ins Gespräch ein.
- Laden Sie sie mit gutem Grund zu einem Drink ein: »Ich hatte vor zwei Monaten Geburtstag, stößt du mit mir an?«
- Wenn Sie sich gerade ein Glas Champagner bestellt hat und Sie sie zehn Minuten später zum Bier einladen, gibt das 20 Minuspunkte.
- »Bist du allein hier?« Wenn sie offensichtlich in einem Pulk von Freundinnen steht, sollten Sie sich diese Frage besser verkneifen.

- Wenn Sie ihr eine Rose schenken wollen, ist es

keine gute Idee, dabei mit dem pakistanischen Blumenverkäufer um den Preis zu feilschen.

- Fallen Sie nicht mit der Tür ins Haus. Sie möchte auch einen gewissen Handlungsspielraum haben.
- Laden Sie sie nicht beim ersten Date in die Sauna ein, sie könnte sonst den Eindruck bekommen, dass Sie Angst haben, die Katze im Sack zu kaufen.

»Wollen wir uns nicht mal treffen?« Bevor Sie diese existenzielle Frage stellen, sollten Sie sich schon den einen oder anderen Gedanken darüber gemacht haben, was Sie Ihrem neuen Aufriss bieten möchten. Mit welchem Typ Frau haben Sie es zu tun? Eine klassische Diva werden Sie wohl kaum mit dem Besuch eines Footballspiels oder mit einem Picknick im Park beeindrucken. Und ein Ritteressen ist die Horrorvorstellung einer jeden Vegetarierin. Was Sie sich auch immer einfallen lassen, holen Sie am besten vorher ein paar Informationen über die Vorlieben der neuen Flamme ein, damit die Affäre nicht schon zu einem Desaster wird, bevor sie angefangen hat.

Das Outfit

Es kommt natürlich bei der richtigen Klamottenwahl immer darauf an, was Sie vorhaben. Nicht over- oder underdressed zu sein ist die wahre Kunst. Sie sollten sich vor allem wohl fühlen in der Kluft. Wenn Sie lediglich einen Anzug im Schrank haben, den Sie auch noch ungern anziehen, lassen Sie ihn am besten hängen. Das Wichtigste ist, dass Sie authentisch rüberkommen. Jede Frau würde sofort merken, wenn Sie sich verkleidet haben. Davon kann Lars ein Liedchen singen. Noch in der Schulzeit hatte er ein Techtelmechtel mit einem Mädel aus der Parallelklasse, Tochter aus reichem Hause. Als sie ihn das erste Mal zu sich nach Hause einlud, hat er sich fast in die Hose gemacht, weil er nicht wusste, was er anziehen sollte. Schließlich leierte er seinem kleineren Bruder den Konfirmationsanzug aus den Rippen und kam in dem Teil rüber wie Tamara Press, die tanzende Fleischwurst. Leider hatte er seine Prinzessin nicht gefragt, was für den Abend geplant war. Ihr Vater öffnete ihm die Tür in Jeans und Sweatshirt und hatte die Grillzange in der Hand. Dumm gelaufen. Und was lernen wir daraus: Selbst im Anfangsstadium schadet reden nichts.

Haarige Angelegenheiten

Sie haben bestimmt schon mitbekommen, dass manche Frauen auf enthaarte Männerhaut stehen. Sollten Sie auf eine dieser Damen treffen, können Sie sich immer noch Gedanken darüber machen, ob das Rasieren Ihrer Achseln oder des Brusttoupets das Richtige für Sie wäre. Das Epilieren bringt auf jeden Fall enormen Stress mit sich, davon kann jede Frau ein Liedchen singen. Auch mein Freund Lars hat schon einschlägige Erfahrungen mit einer Ganzkörperenthaarung hinter sich, nachdem ihm im Fitness-Studio die ganzen haarlosen Männerbrüste auffielen. In dem Fall hat er dummerweise nicht Rücksprache mit mir gehalten, ich hätte ihm abgeraten. Lars, der unbedingt diesem neuen Trend folgen musste, hat sich doch tatsächlich die Brust mit Heißwachs enthaart. Nicht jede Haut verträgt das allerdings gut. Oftmals wachsen die Haare, vor allem wenn sie fest sind, beim Nachwachsen ein, und ein Meer von kleinen, unschönen Pickelchen ist die Folge. Wenn's also nicht wirklich sein muss, würde ich es besser so haarig lassen, wie es ist.

Aber entscheiden Sie das am besten mit Ihrer neuen Geliebten.
Wenn Sie allerdings nicht möchten, dass sich Ihre Eier wie schlecht gerupfte Hühner anfühlen, entledigen Sie sich dort besser der Flusen. Das Schamhaar sollte auf jeden Fall auf eine gepflegte Länge gestutzt werden. So viel Zeit muss sein. Kurze Schamhaare lassen Ihren Schwengel außerdem größer wirken. Dafür lohnt sich der Aufwand, oder?

Signale senden und empfangen

Man kann davon ausgehen, dass eine Frau, die sich alleine mit Ihnen trifft, das nicht tut, um Kochrezepte auszutauschen. Es liegt für sie zumindest im Bereich des Möglichen, mit Ihnen ein Techtelmechtel anzufangen. Am leichtesten bekommen Sie heraus, ob mehr geht, wenn Sie Themen anschneiden, die im weitesten Sinne mit dem Körper zu tun haben. Sprechen Sie über Piercings, den letzten Saunabesuch, Ihr Lieblingsparfum, Hauptsache, es hat irgendwie mit Nacktheit zu tun. Das einfachste Intro hatte ich mit einer neuen Flamme bei unserer ersten Verabredung. Es ging um Tattoos. Nach dem Motto: Ich zeig dir meins, du zeigst mir deins, zog sie ihr T-Shirt hoch und die Jeans runter. Über ihrem prachtvollen Hintern prangte in großen Lettern: »protect me«. Danke für die Einladung, dachte ich, und gab mein Bestes. Zugegeben, so einfach wird es einem nicht immer gemacht.
Sitzt Ihnen eine Frau stundenlang mit überkreuzten Armen und Beinen gegenüber, will sie bestimmt nicht mehr als eine nette Unterhaltung. Rückt Sie Ihnen aber unmerklich näher und berührt wie zufällig Ihre Hand, ist sie nicht abgeneigt. Schnappen Sie sich

doch einfach mal ihre Hand, und begutachten Sie ihre Ringe. Reden Sie einfach weiter, und lassen Sie ihre Hand nicht wieder los. Wenn sie sie Ihnen nicht entzieht, ist doch alles klar, oder?

Das Ambiente

Frauen stehen tatsächlich auf Romantik. Kerzenschein verfehlt nie die Wirkung. Er schmeichelt dem Teint, ungeputzte Scheiben fallen nicht auf, und Sie setzen damit ein offensichtliches Zeichen, wie Ihrer Meinung nach der Abend verlaufen soll. Teelichter tun's übrigens auch. Das und eine Toni-Braxton-CD sind die besten Dosenöffner. Jetzt noch eine Vase mit frischen Blumen auf den Tisch, und jede Frau wird sich fühlen wie in einer schönen Hollywood-Schnulze.

Im Gegensatz zu Ihnen sitzt bei den Damen der Schöpfung die geheime Kommandozentrale nicht zwischen den Beinen, sondern im Kopf (okay, okay, kleiner weiblicher Seitenhieb). Den gilt es zu beeindrucken und gegebenenfalls zu überlisten. Wenn der Kopf nicht das Okay gibt, geht bei Frauen nichts. Die richtigen Worte, der richtige Zeitpunkt, das passende Umfeld – das alles muss stimmen, damit sich Frauen richtig locker machen können.

Mir ist es schon passiert, dass ich mich tagelang nach einer Person verzehrt habe und nur auf das nächste Date hinfieberte. Als es endlich so weit war, ging erst mal gar nichts. Allein die Tatsache, dass wir nur zwei Stunden Zeit hatten, hat mich so blockiert, dass ich erst nach anderthalb Stunden in der Lage war, die letzte halbe Stunde tatsächlich zu genießen und mich locker genug zu machen, um das zu tun, was ich ja eigentlich am meisten wollte: Sex.

Manchmal hilft in solchen Fällen ein Glas Prosecco

oder zwei. Vielleicht hilft auch ein kleiner Grasjoint. Oder ein Gegenüber, das sich davon gar nicht beeindrucken lässt, und einfach loslegt.

Die Kost

Grundsätzlich freut sich jede Frau darüber, bekocht zu werden. Liebe geht nun mal wirklich durch den Magen. Meine Ex-Lieben erinnern sich noch nach Jahren an Gerichte, die ich in einer Nacht-und-Nebel-Aktion mal schnell gezaubert habe und zwischen zwei Nümmerchen zur Stärkung im Bett servierte. Lars ist übrigens auch ein begnadeter Koch und hat schon so manche Dame mit seinen Kochkünsten flachgelegt. Versuchen Sie aber bitte nicht, ihr mit Schweinebraten und Knödeln oder ähnlichen Lieblingsgerichten aus Muttis Küche zu beweisen, dass Sie ein guter Ehemann wären. Zu schweres Essen schlägt auf die Libido, und ich gehe davon aus, dass Sie nicht gleich am ersten Abend gemeinsam vor dem Fernseher auf dem Sofa einschlafen möchten. Außerdem präsentiert sich keine Frau gern mit vollem Bauch.

Viel besser sind kleine, handliche Häppchen, die man sich auf einmal gegenseitig in den Mund schieben kann. Sushi (bitte nur vom Japaner Ihres Vertrauens), kleine Kanapees mit Lachs oder anderem leichten Belag – variationsreich muss es sein. Obst wie Erdbeeren, Kirschen oder Trauben lassen sich sehr gut verfüttern. Dazu Champagner, ein Glas Rotwein (besser nicht mehr) und gekühltes Mineralwasser (das auch auf keinem Nachttisch fehlen sollte). Diese kleinen Happen eignen sich auch perfekt für einen späteren Mitternachtssnack im Bett. Vermeiden Sie alle blähenden Zutaten wie sämtliche Kohlsorten, Zwiebeln

(vor allem im rohen Zustand) und Knoblauch. Eine Erklärung dafür ist sicher überflüssig.
Zusammen ein Essen planen, gemeinsam die Zutaten einkaufen und bei einem Glas Wein kochen kann sehr viel Spaß machen. Außerdem sind dann beide beschäftigt, und es gibt keine unangenehmen Situationen, weil man z.B. vor Aufregung den Faden verliert oder nicht weiß, was man sagen soll. Oft kommt man sich dabei auch körperlich näher, denn Küchen sind ja nicht immer so geräumig. Und dann wären da noch die Küchentische ... Ich denk da nur an »Wenn der Postmann zweimal klingelt«.

Die Sache mit den aphrodisierenden Speisen und Getränken ist übrigens kein Ammenmärchen. Auf der ganzen Welt schwören die Menschen seit Tausenden von Jahren auf einige garantiert erregende Zutaten, die ihre Wirkung nicht verfehlen. Es gibt ganze Kochbücher mit Rezepten für verführerische Menüs. Meistens haben Lebensmittel, denen aphrodisierende Wirkung zugeschrieben wird, Formen, die nicht nur im weitesten Sinne an weibliche oder männliche Geschlechtsteile erinnern. Den Rest erledigt dann der Geruch und das symbolische Denken ... Ich kann z. B. manchmal nicht aufhören, einer Frau mit schönem Mund zuzuschauen, wie sie genüsslich ein Eis leckt.
Eine weitere Regel: Alles, was scharf ist, macht auch scharf!
Jedenfalls schadet es auf keinen Fall, sich mit dem Thema eingehender zu beschäftigen. Und natürlich müssen Sie daran glauben, denn der Glaube kann Berge versetzen.

Liebestränke

- Espresso belebt und regt die Sinne an.
- Heiße Schokolade mit Chili wirkt erwärmend.
- Warme Milch mit Honig entspannt.
- Champagner lockert die Etikette. Versuchen Sie's mal mit Roséchampagner.
- Beim Rotwein macht's schon allein die Farbe. Mischt man ihn mit geriebenem Ingwer, Thymian und Zimt, wird er zum erregenden Cocktail.

Vorsicht: Auch wenn Alkohol so manche Bremse lösen kann, kommt es auf die Dosierung an. Einige Wirkstoffe im Alkohol fördern zwar die Lust am Sex, aber nicht zwangsläufig gleichzeitig die Potenz. Trinkt man zu viel, verkehrt sich die Wirkung. Bereits ab 0,5 Promille leidet die Erektionsfähigkeit bei vielen Männern. Bei Frauen kann zu viel Alkohol regelrecht gefühlsbetäubend wirken. Ziehen Sie also nach zwei Gläsern Wein spätestens die Notbremse, wenn Sie noch richtig Spaß haben wollen.

Erregende Zutaten

- Spargel hat nur 100 Kalorien pro Pfund und bringt selbst artige Damen auf richtige Gedanken.
- Austern steigern durch ihren hohen Zinkgehalt nachweisbar die Produktion von Vaginalsekreten und bei Männern die Produktion von Spermien. Und dann noch das Ausschlürfen ... Wow!
- Eier strotzen vor Energie, schließlich sind sie das Symbol für den Ursprung des Lebens. Das gilt auch für
- Kaviar. Er fördert den erotischen Appetit einer Frau und beim Mann das sexuelle Standvermögen.
- Sellerie, im Badischen auch Geilwurz genannt, wirkt stark harntreibend, ebenso wie alle üblichen Suppenkräuter, auch die Petersilienwurzel gehört

dazu. Und wenn die Blase gut gefüllt ist, steht auch der Piepmatz besser.

- Möhren – Muss man bei der Farbe und Form noch irgendwas erklären?
- Meerrettich ist nicht nur scharf, sondern macht auch scharf.

Geile Früchtchen

Frauen lieben Obst. Es macht nicht dick, und man hat einen guten Geschmack im Mund.

Stellen Sie einen Korb mit frischem Obst ins Schlafzimmer, für einen kleinen Happen zwischendurch. Die folgenden Früchte sind schon seit den Geschichten aus 1001 Nacht in so manches verliebte Mündchen geschoben worden (bitte nur ins Mündchen, zuckerhaltige Nahrungsmittel haben in anderen Körperöffnungen nichts verloren, Bakteriengefahr!):

- Der Apfel als Sinnbild der Verführung. Sie erinnern sich, Eva und so ...
- Avocado weckt die weibliche Sinnlichkeit.
- Banane als klassisches Phallussymbol hat erotische Energien.
- Datteln steigern die männliche Potenz und bei den Frauen die Lust am Verführen.
- Erdbeere und Himbeere sind die ideale Ergänzung zum Champagner.
- Frische Feigen, allein schon Form und Farbe ...
- Granatapfel wird, wenn man viel Zeit hat, zum abendfüllenden Thema.
- Kirschen, rot wie der Mund, das Blut ...
- Kokosnuss wirkt, auch als Getränk mit Mandel, Milch und Honig, enorm anregend.
- Das Aroma der Mandel soll die Damen verrückt machen.
- Pfirsich und Aprikose, der Duft, die Konsistenz und die Farbe erinnern an pure Fleischeslust.

- Pflaume, Sie kommen nie drauf, warum.
- Schon im alten Rom galt: Ohne Weintrauben keine Orgie!

Lustige Kräuter und Gewürze

- Gewürznelken und Rosmarin fördern die Durchblutung.
- Muskatnuss steigert die sexuelle Erlebnisfähigkeit und kann, hoch dosiert, berauschend wirken.
- Kardamom, gemahlen in Tee oder Kaffee, wirkt ausgesprochen anregend und aromatisiert Atem und Geist.
- Rosmarin, nicht nur als Gewürz zu Lamm oder Kartoffeln, sondern auch bei äußerlicher Anwendung als Rosmarinöl, fördert die Durchblutung und wurde schon in der Antike gegen allgemeine Erschöpfungszustände verabreicht.
- Ingwerwurzel oder Galgant, zwei richtige Scharfmacher, brennen angenehm auf der Zunge und lösen Blockaden im Unterleib.
- Ginseng ist chinesisch und bedeutet »Lebender Mensch«. In China gilt er als absolutes Lebenselexier und hat eine biochemisch nachweisbar animierende Wirkung. Die Form erinnert an menschliche Schenkel.
- Zimt fördert bei Frauen den sexuellen Appetit, bei Männern die Erektion.
- Muskatellersalbei ist allgemein sexuell stimulierend.
- Die Vanilleschote bekam ihren Namen vom lateinischen Wort für Scheide, »Vagina«. Die liebesstärkende Kraft kommt allein schon von der unübersehbaren Erotik dieser Orchideenfrucht.

Und noch etwas, das Sie unbedingt wissen sollten: Der Geschmack des Spermas und auch des Scheidensekrets verändert sich, je nachdem, was Sie gegessen haben. Besonders lecker schmeckt's nach dem Genuss von Aphrodisiaka.

Aphrodisiaka

Abgesehen von liebesanregenden Nahrungsmitteln gibt es ein paar Pflanzen, die noch heute von den Naturvölkern als potente Stimulanzien unter anderem in Stammesritualen eingesetzt werden. Diese Zaubermittel können helfen, besseren Zugang zu unseren Gefühlen zu bekommen, und verfeinern das Empfinden für Erotik und Sexualität. Ich spreche hier nicht von Präparaten, die in normalen Sexshops oder im Internet unter so absurden Namen wie »Energie-Stoß«, »Scharfmacher-Tropfen«, »Sexfit-Prompt« oder »Glücksan« angeboten werden und angeblich Pulver der spanischen Fliege, des Tigerpenis oder des Nashorns enthalten. Diese so genannten Sexmedikamente taugen nämlich maximal als Placebo, und dafür sind sie einfach viel zu teuer.

Die folgenden Pflanzen verdienen absolut zu Recht den Namen der griechischen Liebesgöttin Aphrodite. Einige wirken auf den Hormonhaushalt und helfen bei der Ausschüttung unseres Glückshormons Serotonin nach. Andere steigern den Blutdruck und sorgen so für eine bessere Durchblutung der Sexualorgane. Wieder andere können entspannend und beruhigend wirken. Die genannten natürlichen Sexdrogen erhalten Sie über das Internet, entsprechende Adressen finden Sie im Anhang. Bitte informieren Sie sich vor Gebrauch unbedingt über Art der Einnahme, Dosierung und Kontraindikationen, sonst kann eine geplante wilde Nacht eventuell einen unangenehmen Ausgang nehmen, im schlimmsten Fall auf einer Liege beim Notarzt.

Sabalapalme

Die duftenden schwarzen Sabalfrüchte werden weltweit als Bestandteil stimulierender Liebeselixiere verwendet. Sie stärken das Sexualsystem, fördern die Durchblutung und sind sogar wirksamer Bestandteil von Medikamenten gegen Prostatabeschwerden. In der Homöopathie werden Sabal-Präparate als Aphrodisiaka eingesetzt.

Damiana

Die Pflanze aus Mittel- und Südamerika hat in Mexiko den Namen »Hemdauszieher«. Als Tee getrunken (3 Teile Damiana, 2 Teile Pfefferminzblätter, 1 Teil Orangenblüten) stärkt das Kraut außer der Lust auch Gehirn, Herz und Kreislauf.

Kolanuss

Wegen ihres hohen Koffeingehalts wird die Nuss schon seit Jahren zur Herstellung von Erfrischungsgetränken verwendet. In Afrika gilt sie als Speise der Götter, weil sie lustfördernd und stimulierend wirkt und euphorische Zustände hervorrufen kann. Als Tee (1 bis 2 Teelöffel der pulverisierten Nuss mit Damiana in Wasser aufkochen und 10 bis 15 Minuten ziehen lassen) wirkt Kola gegen Erschöpfungszustände und Müdigkeit.

Muira Puama

Die Rinde und das Holz dieses südamerikanischen Baumes gehören seit Jahrhunderten zu den besten Arzneien der südamerikanischen Indianer. Das Holz ist weltweit als Potenzholz bekannt, beseitigt erotische Verklemmungen und steigert das Lustempfinden. Die getrockneten Pflanzenteile müssen lange ausgekocht und schluckweise getrunken werden. Alkoholische Auszüge wirken allerdings am intensivsten.

Kava-Kava
Das Wurzelmark eines Strauches der südpazifischen Inseln wird seit mehr als 3000 Jahren von den Ureinwohnern Hawaiis, Australiens und Neuguineas zur Steigerung der guten Laune genossen. Es bewirkt einen Zustand milder Euphorie, steigert die Wahrnehmung für die leisen Töne und lockert die Zunge. Viele Menschen fühlen sich nach dem Genuss der Wurzel wie verzaubert.

Yohimbe
Der Wirkstoff, der sich in der Rinde eines afrikanischen Baumes befindet, erweitert die Arterien der Sexualorgane und erregt die im Rückenmark gelegenen Genitalzentren. Die Wurzelrinde ist rezeptfrei auch über das Internet erhältlich. Etwa eine halbe Stunde nach dem Genuss eines daraus zubereiteten Tees setzt ein warmes Ziehen in der Wirbelsäule ein, Gefühle intensivieren sich, und das Wahrnehmungsvermögen wird angenehm beeinflusst, ohne dass man in einen Rausch verfällt. Manche meiner Kunden haben so sehr davon geschwärmt, dass ich es sofort probiert habe. Nachdem ich den Tee noch mit Damiana und Vitamin C aufgepeppt hatte, war ich die ganze Nacht wach und hoch motiviert. Vorsicht: Keinen Alkohol dazu trinken.

Hasch und Marihuana
Damit hier keine Zweifel aufkommen: Mir ist durchaus bekannt, dass Cannabis-Drogen in Deutschland verboten sind. Die folgende Ausführung ist natürlich rein theoretisch. Sprechen wir also von Indien, wo das Zeug nicht verboten ist. Dort wird in der Medizin Cannabis als Mittel gegen schwindende Liebeslust und Potenz eingesetzt. Die Inder finden, dass die Droge Hemmschwellen herabsetzt und sexuelle Betä-

tigungen besonders intensiv erlebt werden. Das kann so sein, muss aber nicht. Es gibt auch Menschen, die bekifft zwar sehr zufrieden, aber auch lethargisch werden und keine Lust auf Sex haben. Vielleicht erfahren wir nie, wie sich der Genuss eines kleine Joints auf unsere Libido auswirkt ... Abzuraten ist auf jeden Fall von der oralen Einnahme von Haschisch, zum Beispiel in Form von Kuchen oder Keksen. Man weiß nie, wie es einem danach geht, und vor allem, wie lange die Wirkung anhält. Also, Finger weg.

Das Liebesnest

Es ist schon ziemlich lange her, da war Lars mal scharf auf eine Studienkollegin und völlig durch den Wind. Dieses Mal wollte er alles richtig machen. Einen Tag nach seinem ersten Date kam er ganz aufgelöst in den Laden und konnte sich nicht erklären, warum sein Schwarm sich nach einem Blick in sein Schlafzimmer relativ überstürzt verabschiedet hatte. Bis zu diesem Zeitpunkt war alles super gelaufen. Er hatte sie zum Essen bei einem hippen Thailänder eingeladen, beide hatten zwei Zombies intus, und nach heftigen Knutschereien im Auto kam sie mit in seine Wohnung. Im Wohnzimmer wurde wild weitergeküsst, bis er sie an der Hand in sein Schlafzimmer führte. Irgendetwas in diesem Raum musste sie sehr irritiert haben. Lars und ich gingen in Gedanken die Schlafzimmereinrichtung durch, und mir war sofort alles klar. Ich war nur nicht sicher, ob das große Foto seiner Exfreundin an der Wand, das Pornoheft unter seinem Bett oder die Bettwäsche von Eintracht Frankfurt die Dame dazu bewogen hatte, doch lieber zu Hause zu nächtigen. Drei grobe Fehler auf einmal! Setzen! Sechs!

Wenn Sie sie schon mal so weit haben, dass sie zu Ihnen kommt, sollten Sie den klaren Heimvorteil nutzen. Auch hier ist der erste Eindruck ausschlaggebend. Nicht superordentlich, aber auf jeden Fall sauber muss es sein. Und es sollten möglichst nicht zu persönliche Dinge wie z.B. Unterhosen mit Bremsspur herumliegen. Und räumen Sie um Gottes Willen das Kuscheltier vom Bett!

Frauen legen besonderes Augenmerk auf den Zustand eines Badezimmers. Es gibt für sie nichts Schrecklicheres als ungeputzte Toiletten, verschleierte Spiegel oder schmutzige Waschbecken. Manche schauen sogar bei der ersten Gelegenheit in den Alibert und prüfen den Inhalt. Wenn Sie also nicht möchten, dass Ihre neue Eroberung beim ersten Besuch schon mit Ihren kleinen Unzulänglichkeiten konfrontiert wird, verstauen Sie Hämorrhoidencreme, Hühneraugenpflaster, Antifaltencreme und den Haarschmuck Ihrer letzten Affäre besser an einem sicheren Ort.

Denken Sie daran, dass Frauen wesentlich schneller frieren als Männer. Drehen Sie die Heizung also lieber ein bisschen mehr auf, bevor Sie Damenbesuch erwarten. Es wäre doch zu ärgerlich, wenn sie sich nicht ausziehen will, weil es ihr zu kalt ist. Oder weil sie denkt, Sie seien zu geizig.
Vergessen Sie vor allem nicht, das Telefon leise zu stellen. Man weiß ja nie, wer anruft. Es könnte die Mama sein, die sich gerade langweilt, oder die Ex, die einem gern mal so richtig die Laune verhagelt. Ein klingelndes Telefon im falschen Moment zerstört die Stimmung. Schalten Sie am besten auch den Anrufbeantworter aus.

Wie man sich bettet, so liebt man!

Wer schon einmal in einer französischen Pension abgestiegen ist, weiß, wie nervig durchgenudelte Matratzen und quietschende Betten sein können. Meine erste Amtshandlung in solchen Fällen ist, die Matratze auf den Boden zu befördern. Ich brauche immer festen Boden unterm Hintern. Deshalb hasse ich auch Wasserbetten. Manche schwören ja drauf, die scheinen aber mit Sex im Bett nichts am Hut zu haben. Ein weiteres Hindernis ist die Besucherritze. Meine Großeltern hatten noch Betten mit zwei separaten Matratzen, aber früher war ja auch die Missionarsstellung das Nonplusultra. Ich bin für Futon- oder Latexmatratzen. Auch die Breite eines Bettes ist wichtig. Eine ernst zu nehmende Spielwiese fängt erst bei einer Größe von 1,40 mal 2 Meter an. Bei zu kleinen Betten ist die Gefahr von über den Rand hängenden Körperteilen, die nach einer Weile einschlafen, einfach zu groß.

Zu einer frischen Eroberung gehört auch immer ein frisch gemachtes Bett. Natürlich gibt es auch unvorhersehbare Affairen, auf die man sich nicht einstellen konnte. Nehmen Sie sich in dem Fall unbedingt die Zeit, die Bettwäsche zu checken und lieber schnell neu zu beziehen, denn alte Spermaflecken werden Ihrer neuen Eroberung keinesfalls entgehen.

Die Ausrüstung

Damit Sie im Ernstfall nicht erst ins Badezimmer sprinten müssen, sollten unbedingt folgende Utensilien in der Nachttischschublade geparkt werden:

- Kleines Handtuch und feuchte Intimtücher zum Aufsaugen aller möglichen verloren gegangenen

Flüssigkeiten. Papiertaschentücher oder Kleenex eignen sich meines Erachtens nicht wirklich gut, da überall kleine Papierfussel kleben bleiben.

- Kondome (s. S. 58)
- Gleitgel, nicht fetthaltig (s. S. 56)
- Massageöl
- ein leiser, weicher Vibrator (s. S. 114)

Sollten Sie keinen Nachttisch besitzen, nehmen Sie einen hübschen Schuhkarton dafür, den Sie unter dem Bett postieren. Ein ungeschriebenes Gesetz besagt: Benutzt wird nur, was in Reichweite liegt!

Denken Sie daran, eine Flasche Wasser und ein Glas neben das Bett zu stellen. Bei all der Aufregung hat man schnell einen trockenen Mund, und das Knutschen wird zur Qual.

Außerdem sollte jeder gute Liebhaber ein festes Kissen zum Unterlegen bereithalten. Schieben Sie dieses Kissen unter den Hintern Ihrer Partnerin, und ich kann versichern, Oralsex wird dadurch für Sie zur bequemen Disziplin. Und wenn Sie auf Ihrer Partnerin liegen, spürt sie einfach mehr, weil die Reibung größer ist.

Aromatherapie

Frauennasen sind feiner als die der Männer und verzeihen nichts. Daher sollten Sie sparsam mit Aftershave und Parfum umgehen, damit die Pheromone eine Chance haben. Obwohl sich diese Lockstoffe vor allem in Achselschweiß befinden, sollte unbedingt ein Deo verwendet werden.

Bestimmt haben Sie schon davon gehört, dass Ladenbesitzer ihre Kunden mit stimulierender Beduftung zum Kauf animieren. Ich habe es ausprobiert und kann bestätigen, dass es wirkt. In jeder Apotheke und Drogerie gibt es eine große Auswahl von ätherischen Ölen, die, tropfenweise auf die Glühbirne der Nachttischlampe, in spezielle Duftlampen oder aufs Kopfkissen gegeben, verschiedene anregende Wirkungen haben. Leute, die auf die absolute Ekstase hoffen, verwenden Weihrauchöl, für die etwas Ruhigeren eignet sich zur Belebung Rosmarin, Zitrone oder Pfefferminze. Wer sich ein bisschen runterfahren will, nimmt zur Entspannung Bergamotte, Sandelholz oder Lavendelöl. Auch Massageöle mit diesen Substanzen wirken Wunder. Als ich Lars davon erzählte, hat er mir erst mal einen Vogel gezeigt: »Wie, ich soll in so einen Eso-Laden gehen und ätherische Öle kaufen? Meine Tussi zeigt mir doch einen Vogel und denkt, ich bin ein Weichei, das keinen hochkriegt.« Ich hab ihm dann mal für eine besonders verspannte Kandidatin ein von mir zusammengemixtes Elixier mitgegeben, und er hat es nicht bereut ...

Sehr entspannend und gleichzeitig ziemlich aufregend und luststeigernd wirkt übrigens ein Vollbad, dem man 50 Gramm Rosmarinblätter und Sandelholzöl zufügt.

Der Kuss *oder* Ich bin so wild nach deinem Erdbeermund

Ein guter Küsser ist auch ein guter Liebhaber. Darüber sind sich alle Frauen, die ich kenne, einig. Auf die Frage, was einen guten von einem schlechten Kuss unterscheidet, bekam ich folgende Antworten: »Wenn der Typ mir direkt die Zunge in den Hals rammt bis zum Zäpfchen, oder mir erst das Gesicht so abschlabbert, dass ich danach ein Handtuch benötige, hab ich sofort keine Lust mehr.« Der Automatismus »Zunge in den Mund und paralleles Tittengrabschen« ist auch nicht sehr beliebt. Dann schon besser eine kleine Nackenmassage, wenn überhaupt. Konzentrieren Sie sich auf das Küssen, und unterlassen Sie dabei unbedingt unsicheres Geplapper. Kurz bevor Sie rangehen, schauen Sie ihr auf den Mund, und legen Sie dann langsam los.

Frauen stehen darauf, wenn aus der Knutscherei ein spannender Krimi gemacht wird, bei dem nie klar ist, was wohl als Nächstes passieren wird. Fangen Sie also langsam an, lassen Sie sie zappeln. Küssen Sie erst Gesicht und Hals (auf Ohrenküsse steht nicht jeder), dann saugen Sie leicht (!) an den Lippen, bevor Sie die Zunge zum Einsatz bringen. Lautes Schmatzen sollte auf jeden Fall vermieden werden. Wenn Sie dann nicht stundenlang die gleiche Technik verfolgen, sondern ein bisschen zwischen Saugen und Züngeln abwechseln, ist das schon die halbe Miete. In jedem Fall gilt: Mit langsamen und intensiven Küssen gewinnen Sie jedes Rennen, und nichts hilft besser, um vor den Kleidern die Hemmungen abzulegen.

Eine Kusstechnik möchte ich besonders erwähnen, weil sie eine direkte Verbindung zwischen den Lippen der Frau und ihrer Klitoris herstellt: Saugen Sie mit Lippen und Zunge an ihrer Oberlippe, und beziehen Sie dabei das mittig an der Innenseite der Oberlippe befindliche Lippenbändchen mit ein. Wenn Ihre Kusspartnerin gleichzeitig an Ihrer Unterlippe saugt, steht einem Kuss-Orgasmus nichts mehr im Wege.

Absolut verboten sind Knutschflecken. Vor allem da, wo man sie sieht! Das war vielleicht mal mit dreizehn spannend.

 Bisse fallen ebenfalls in die Kategorie »Besser lassen«.

Erlaubt sind hingegen kleine Liebesknabbereien, die aber auf keinen Fall wehtun dürfen. Hals und Nacken eignen sich dafür ganz besonders, erinnern Sie sich nur mal an die verzückten Gesichter der Dracula-Gespielinnen ...

Die größten Vorurteile

Frauen sagen »nein« und meinen »ja«, oder umgekehrt. Frauen wollen zwar nicht als Sexobjekt betrachtet werden, sind aber sauer, wenn man sie nicht geil findet. Da soll einer durchblicken, sagt mein Freund Lars. Mittlerweile macht er das Beste daraus, indem er einfach alles anspricht, was ihm spanisch vorkommt. Das erspart ihm viel Ärger. Der fatalste Fehler, den Männer begehen können, ist, sich an gängigen Vorurteilen festzuhalten.

Frauen ohne vaginalen Orgasmus sind frigide

Diese Meinung ist unter Männern und Frauen weit verbreitet. Vielleicht, weil Dolly Buster und Konsorten der ganzen Welt vorstöhnen, dass es außer eines pulsierenden männlichen Geschlechtsteiles nichts weiter bedarf, um eine Frau nach 30 Sekunden in den siebten Orgasmushimmel zu katapultieren. Frauen fühlen sich aber oft schon durch den Anblick eines vor Erwartung zitternden Schwengels unter Druck gesetzt und lassen sich zu Dingen hinreißen, die gar nicht ihrem momentanen Lustpegel entsprechen. Tatsache ist, dass ein Großteil der Frauen nur durch Stimulation der Klitoris kommt. Würde man all jene als frigide bezeichnen, wäre es verdammt kalt auf der Welt.

Je länger gevögelt wird, desto besser

Das wird jetzt alle Männer freuen, die Angst davor haben, zu früh abzuspritzen: Frauen macht das nämlich manchmal gar nichts aus. Stundenlange Rammelei ist eher langweilig und im schlimmsten Fall sogar schmerzhaft. Außerdem läuft keine Frau am nächsten Tag gerne o-beinig wie ein Cowboy nach einem Dreitagesritt durch die Gegend. Wichtig ist, was vor oder nach dem Fick passiert.

Die Größe des Schwanzes ist unwichtig

Das kann ich leider so nicht stehen lassen, sorry. Zu groß kann ziemlich schmerzhaft sein, zu kleine Pimmel können sich anfühlen wie eine Salami, die in eine Turnhalle geworfen wird. In beiden Fällen empfehle ich Stellungen, bei denen die Frau oben ist oder zumindest die Zügel in der Hand hat. Danke.

Richtiger Sex fängt erst beim Vögeln an

Das ist ein Irrtum. Bei einer Frau fängt Sex schon an, wenn sie nur daran denkt. Beim Küssen geht es schon richtig ab und dann manuell und oral weiter. Aus Erfahrung wissen die Mädels, dass es mit dem wirklichen Akt nicht anfängt, sondern leider meistens und viel zu früh aufhört. Faktisch gibt es keinen richtigen oder falschen Sex, sondern lediglich guten oder schlechten!

Ein gutes Vorspiel endet kurz bevor sie kommt

Es gibt wohl nichts Frustrierenderes, als endlich kurz davor zu sein, so richtig abzugehen, und plötzlich wird einem die Hand oder der Mund entzogen. Und das alles zugunsten eines ungeduldigen Schwengels, der auch noch denkt, diesen grandiosen Job einfach so zu Ende führen zu können. Vielen Dank auch! Da muss jede Frau wieder von vorne anfangen, und da ja die wenigsten überhaupt ohne weiteres vaginal zu befriedigen sind, ist das dann der Anfang vom Ende. Wenn Sie sie schon so weit haben, dass sie kurz vor der Ekstase ist, machen Sie sie fertig!

Das Entfernen der Verpackung *oder* Schau ihr in die Augen, Kleiner!

Endlich ist es so weit, da liegt sie vor Ihnen, die Frau, ein Wunderwerk der Natur. Jetzt wird's erst richtig spannend. Um häufige Fehler bei der Inbetriebnahme zu vermeiden, möchte ich gezielt auf einige Besonderheiten eingehen.

Bestimmt ist das Ausziehen einer Frau eines Ihrer Lieblingshobbys. Aber mal ehrlich: Können Sie einen BH mit einer Hand öffnen? Ich übe das täglich im Laden, und wenn ich diesen Trick dann bei meinen Geliebten anwende, sind die total beeindruckt. Die können sich noch nicht mal ihres eigenen BHs einhändig entledigen. Aber Vorsicht, denn wenn Sie sich zu profihaft anstellen, könnte es so aussehen, als täten Sie den ganzen Tag nichts anderes. Nehmen Sie also ruhig erst mal beide Hände. Aber auch das sollten Sie üben, sonst kann es peinlich werden.

Wie Reißverschlüsse funktionieren und dass man beim Ausziehen von Nylons sehr vorsichtig sein muss, damit sie nicht sofort eine Laufmasche kriegen, wissen Sie bestimmt schon. Und bevor Sie sich zum Affen machen, weil Sie die Strümpfe nicht von den Strapsen abbekommen, ziehen Sie am besten den Strumpfhalter gleich mit aus.

Bevor Sie jedoch Ihren Schlüssel ins Zündschloss stecken, sollten Sie sich mit dem neu erworbenen Modell vertraut machen. Reißen Sie ihr deshalb bitte nicht wie besessen die Klamotten vom Leib, sondern lassen Sie sich auch hier Zeit. Vielleicht haben Sie ja auch Glück und bekommen einen kleinen Striptease geboten. Übrigens ist ein Strip nicht nur bei Männern sehr beliebt, über 90 Prozent der Frauen fahren total drauf ab, wenn sich ein Mann für sie auszieht. Aber das sollten Sie besser vorher üben, nicht dass Sie vor Verlegenheit über Ihre eigenen Hosenbeine stolpern.

Ich weiß nicht nur von Lars, dass bei Männern fast alles übers Gucken geht. Allein der Anblick von Brüsten oder Hintern macht sie unglaublich scharf. Wenn Ihre Angebetete das erste Mal nackt vor Ihnen steht, sollten Sie bitte beim Hinschauen bedenken, dass Frauen alles andere als entspannt sind, wenn es um ihren Körper geht. Die meisten finden sich zu dick und werden alles nur Erdenkliche anstellen, um sich so schlank wie möglich zu drapieren. Also reißen Sie sich zusammen, und schauen Sie ihr während des Ausziehens mal nicht auf den Hintern, sondern in die Augen. Später haben Sie noch genug Zeit, alles im Detail zu betrachten. Wenn Sie ihr dann noch sagen, wie schön sie ist, steht Ihnen nicht mehr viel im Wege.

Massagen und mehr

Vielen Frauen fällt es nicht gerade leicht, den Kopf auszuschalten und sich gehen zu lassen. Massagen sind da eine gute Hilfe. Gehen Sie dabei nicht zielgerichtet vor. Machen Sie es spannend, streicheln Sie immer um den heißen Brei herum. Und lassen Sie sich viel Zeit für jeden Körperteil. Fangen Sie ganz zart an, und steigern Sie langsam den Druck Ihrer Hände. Verwenden Sie spezielle Massageöle mit aphrodisierenden Düften. Auch diese sollten aus natürlichen Bestandteilen zusammengesetzt sein, um Allergien zu vermeiden. Am besten eignet sich Jojobaöl, weil es keine Fettflecken hinterlässt.

Wenn Sie dem Öl ein paar Tropfen naturreines Ylang-Ylang hinzufügen, wirkt es antidepressiv, entkrampfend und ausgleichend. Geranium wärmt und nimmt eventuelle Unsicherheiten. Besonders anregend und sogar euphorisierend ist die Wirkung von Muskatellersalbei. Damit die Massage richtig wirkt, sollte diese Aufwärmphase mindestens 15 Minuten dauern. Ich verspreche Ihnen, das zahlt sich aus.

Am besten eignet sich eine erotische Shiatsu-Massage. Shiatsu heisst so viel wie »Druck mit dem Finger«. Nehmen Sie die Fingerkuppen oder die ganze Handfläche, und üben Sie sanften Druck aus. Drücken Sie senkrecht, wobei die Fingerkuppen nach vorne geschoben werden, und halten Sie etwa fünf bis sieben Sekunden lang an jedem der folgenden Punkte. Probieren Sie's mal bei sich selbst. Es hört sich nur kompliziert an, ist aber ganz einfach. Fangen Sie ganz unverfänglich bei den Knien an. Vier Finger breit unterhalb der Kniescheibe liegt ein Punkt, wo der kleine Finger dann den Rand des Schienbeinknochens berührt. Stimulieren Sie diesen Punkt fünf Sekunden lang, um das Empfinden erst mal zu aktivieren (wie der Startknopf bei einem Motorrad oder so ähnlich). Der nächste bedeutende Stimulationspunkt befindet sich am Übergang der Wirbelsäule zum Steißbein. Da laufen nämlich die Nerven lang, die die Geschlechtsorgane mit Energie versorgen. Bewegen Sie die Finger auf diesem Punkt auf und nieder. Damit steigern Sie das sexuelle Verlangen. Wandern Sie dann mit den Fingerkuppen der Daumen rechts und links der Wirbelsäule, weiterhin Druck ausübend, ganz langsam den Rücken nach oben bis zum Hals. Streichen Sie jetzt über die Schultern hinweg, und nehmen Sie sich die Innenseite der beiden Arme vor, Punkt für Punkt, bis zu den Handinnenflächen. Jetzt gleiten Sie mit den Händen wie eine Schlange wieder die Arme nach oben, über die Schultern hinweg und hinunter zu den Pobacken. Wenn Sie jetzt das Gefühl haben, forscher sein zu dürfen, nehmen Sie sich den Meisterpunkt vor. Er befindet sich zwischen Anus und Geschlechtsteilen, am so genannten Damm. Wenn Sie diesen Punkt drücken, wird das gesamte Nervensystem im Genitalbereich aktiviert. Jetzt können Sie über den Bauch gleiten und sich den Brüsten widmen, indem Sie rund um die Brustwarzen mit sanftem Druck massieren. Eigentlich sollten Sie Ihre Partnerin an dieser Stelle schon in höchste Verzückung versetzt haben. Sollte Ihre Patientin allerdings zwischenzeitlich weggeschlummert sein, nehmen Sie das um Gottes willen nicht persönlich. Es ist schließlich noch kein Meister vom Himmel gefallen. Einen passenden Buchtip für erotische Massagen finden Sie im Anhang. Und wie dem auch sei, sie wird nach einem kurzen Nickerchen sehr viel entspannter und dann zu allem bereit sein.

Die Füße sind für weniger intime Massagen gut geeignet. Für die Chinesen sind die Füße das Tor zum Körper. Man kann sie sanft reiben oder massieren. Damit können Sie schon auf dem Sofa anfangen. Massieren Sie erst die großen Zehen mit Daumen und Fingern. Ein weiterer Punkt, der wohlige Empfindungen zwischen den Beinen Ihrer Dame auslösen kann, befindet sich zu beiden Seiten der ersten sieben Zentimeter der Achillessehne, die an der Rückseite der Ferse in Richtung Wade verläuft. Wenn Sie tiefer in dieses Thema einsteigen wollen, kaufen Sie sich ein Buch über Fußreflexzonenmassage.

Wenn eine Frau Ihnen schon einmal ihre Füße überlassen hat, können Sie auch im späteren Verlauf des Abends darauf zurückkommen, indem Sie an den Zehen saugen und zwischen den Zehen lecken. Das bringt sie bestimmt fast um.

Die äußere Hülle, die Haut, ist das größte Sexualorgan einer Frau. Frauen können allein durch Berührungen der Haut einen Orgasmus haben, natürlich nicht in fünf Minuten, aber es geht. Der optimale Einstieg für eine tolle Liebesnacht kann auch eine gemeinsame Dusche mit gegenseitigem Einseifen sein. Es geht nichts über zwei saubere Körper, die aufeinander treffen, um sich gemeinsam so richtig schön schmutzig zu machen.
Vor einer stürmischen Nacht empfehle ich gerne ein gemeinsames Säuberungsritual und die vorherige Installation eines Duschkopfes mit Massagefunktion. Wissen Sie eigentlich, warum Frauen Stunden in der Badewanne verbringen? Erstens ist warmes Wasser sehr entspannend, und zweitens tut der Massagestrahl eines Duschkopfes sein Übriges. So ist dann auch gleich die erste Orgasmushürde genommen, ganz ohne ermüdenden Einsatz Ihrerseits.
Nach der Dusche das gegenseitige Eincremen nicht vergessen. Verlegen sie die Cremesession doch am besten gleich ins Bett.

Aura-Petting

Ich bin wirklich kein esoterischer Typ. Trotzdem war mir schon früher aufgefallen, dass es mit manchen Leuten möglich ist, Berührungen und Sex ganz unabhängig davon, ob ich mehr oder weniger verliebt war, intensiver zu empfinden als mit anderen. Irgendwie schienen da tatsächlich Vibrations in der Luft zu liegen. Orgasmen beim Küssen oder Reden hatte ich schon hinter mir, als mir letztes Jahr etwas ganz Besonderes passierte. Meine Geliebte ließ ihre Hand etwa fünf Zentimeter über meinem Gesicht und meinem Oberkörper schweben, und ich hatte das Gefühl, als träfen mich tausend Blitze. Obwohl meine Augen geschlossen waren, spürte ich immer genau, wo ihre Hand sich gerade befand. Das dauerte vielleicht eine halbe Stunde, und ich hatte, bevor sie mich endlich wirklich berührte, schon mehrere Orgasmen. Man kann sich vorstellen, was los war, als wir dann »richtigen« Sex hatten. Vielen Dank, Marie. Wir haben das damals Aura-Petting genannt. Vielleicht treffen Sie auch einmal eine Frau, mit der das geht. Sie wird es nie mehr vergessen.

Gleitgel *oder* Gut geschmiert ist halb gewonnen

»Gleitgel – brauch ich nicht!« Fast jede Kundin, die einen Vibrator kauft, hat erst mal diese Einstellung. Diesen Kandidatinnen lege ich immer heimlich ein kleines Pröbchen bei, und es dauert nicht lange, bis sie wieder auf der Matte stehen und eine große Flasche von diesem genialen Zeug haben wollen. Gleitmittel gibt es eben auch nicht ohne Grund. Viele wissen gar nichts von dieser phantastischen Erfindung. Lars wollte auch erst mal nichts davon hören. Er war der Meinung, wenn es zu nass ist, ist die Reibung geringer, und das bedeute weniger Spaß. Aber als gehorsamer Junge hat er's dann doch mal ausprobiert. Seitdem kriegt er schon eine Latte, wenn er nur die Flasche sieht, sagt er. Ich kann mir ein Leben ohne gar nicht mehr vorstellen. Die körpereigene Produktion der Scheidenflüssigkeit reicht oft nicht aus, und dann kann es schnell unangenehm werden. Für einen Quickie mag ja noch genug produziert werden, aber durch Reibung mit dem Finger oder längere Penetration löst sich das kostbare Nass bei vielen Frauen schnell in Wohlgefallen auf. Man kann eben noch das tollste Gefühl gehabt haben, wenn es plötzlich zu trocken wird, schlägt die Lust ganz schnell um, und das wollen Sie doch nicht, oder?

Ich höre immer wieder, dass anstelle von Gleitmittel Vaseline oder gar Penatencreme verwendet wird. Nicht nur, dass diese Produkte nun wirklich nicht gut flutschen, sie sind auch noch fetthaltig und greifen Gummi an, das heißt, Kondome können reißen. Ich will nicht wissen, wie viele ungewollte Schwangerschaften es schon gab aufgrund der blauäugigen Verwendung dieser Schmiermittel. Außerdem ist Fett bekanntlich nicht wasserlöslich und hält sich so im Zweifel jahrelang in irgendwelchen Fältchen, Bakterien können sich vermehren, und wenn man Pech hat, folgt eine lästige Infektion. Dann lieber Spucke nehmen. Aber das alles ist kein Vergleich zu einem richtig guten Gleitgel. Die Auswahl an Flutschmitteln, die jede Sexvariante viel spaßiger und einfacher machen, ist heute groß. Ein weiterer Zusatznutzen dieser hilfreichen Mittelchen ist, dass vorzeitige Ejakulationen tatsächlich verhindert werden können. Wenn es keine große Reibung gibt, dauert es eben länger – und das bringt nicht nur Frauen in ungeahnte Extasen.

Grundsätzlich wird unterschieden zwischen Gleitmitteln auf Silikonbasis und auf Wasserbasis. Silikonöl fühlt sich an wie richtiges Öl, mit dem Unterschied, dass es wasserlöslich und fettfrei ist. Außer zum Vögeln kann man es auch als Massagemittel verwenden. Es legt sich wie ein feiner Film auf die Haut, ist enorm ergiebig und macht keine Flecken. Die Produkte auf Wasserbasis fühlen sich eher an wie vom Körper gemacht. Wenn das Wasser verdunstet, können sie leicht klebrig werden. Um den Gleiteffekt wieder herzustel-

len, kann man mit Spucke nachhelfen. Vorsicht: Frauen, die zu Pilzinfektionen neigen, sollten kein Gleitgel auf Wasserbasis verwenden. Dieses enthält nämlich Glyzerin, das chemisch mit Zucker verwandt ist und ein gefundenes Fressen für Pilze sein kann. Alle anderen probieren am besten beide Sorten aus, es ist hier, wie so oft, Gefühlssache oder manchmal auch eine Frage des Geschmacks. Beide Gleitgelvarianten gibt es nämlich in unterschiedlichen Geschmacksrichtungen (Vanille, Kirsch und Piña Colada sind nur einige). Dass das Zeug nach irgendwas schmecken kann, haben bestimmt Männer erfunden, die ein Problem mit Mösengeschmack haben. Lars findet es allerdings schrecklich, wenn es nicht nach dem schmeckt, was es ist, nämlich nach einer geilen Frau. Ich stimme ihm absolut zu. Allergikern ist von diesen künstlichen Aromaprodukten grundsätzlich abzuraten.
Meine Empfehlungen sind Eros und Erozone aus Silikonöl und Bioglide oder Frixion auf Wasserbasis, leicht zu beziehen über das Internet oder in ausgewählten Sexshops. Unbedingt Preise vergleichen!

Das Kondom

Dass die Pille ein Grund für sexuelle Unlust bei Frauen sein kann, haben mir Kundinnen erzählt, die es selbst so erlebt hatten. Das liegt daran, dass die kleinen Tabletten, die ja seit Ende der sechziger Jahre maßgeblich an der sexuellen Befreiung der Frau beteiligt waren, dem Körper eine Schwangerschaft vorgaukeln. Und wenn man schon schwanger ist, braucht man ja auch keinen Sex mehr. Aber wenn man keine Lust auf Sex hat, wofür braucht man dann noch die Pille? Auch nachdem meine Kundinnen die Pille abgesetzt hatten, dauerte es fast ein Jahr, bis sich die Lust

wieder einstellte. Ich habe die Pille mal ein halbes Jahr lang genommen, mir war schlecht, ich hatte Kopfschmerzen, habe fünf Kilo zugenommen, und die Lust aufs Vögeln war mir vergangen.
Der einzig wahre und wirksame Schutz vor sexuell übertragbaren Krankheiten und ungewolltem Kindersegen ist nun mal die Anwendung von Kondomen. Wenn Sie sich die Mühe machen und verschiedene Sorten ausprobieren, werden Sie ganz bestimmt den passenden Gummi finden, der weder zu kurz noch zu eng, also auch nicht unbequem ist, und deshalb nicht platzen wird. Für alle, die ganz sicher gehen wollen, empfehle ich, auch beim Blasen einen Gummi zu benutzen, HIV und Gelbsucht übertragen sich nämlich über alle Schleimhäute.
Ein Kondom ist auf keinen Fall ein Lustkiller, wenn Sie Ihre Holde einfach bitten, Ihnen beim Aufziehen zu helfen. Zum Beispiel auf die feine italienische Art mit dem Mund. Statt der Hand werden zum Anlegen des Hütchens einfach die Lippen genommen. Das geht ganz einfach und ist auch für Frauen eine spannende Abwechslung. Wenn sie will, kann sie dem Spaß gleich noch einen enorm safen Blowjob folgen lassen.

Tipp: Ein wenig wasserlösliches Gleitgel in der Spitze des Kondoms macht die Sache für Sie gefühlvoller.
Besonderen Spaß können Kondome mit kleinen Noppen oder Rillen machen. Solche gehen in meinem Laden weg wie warme Semmeln. Wenn ein auf diese Art verschärfter Schwanz den äußeren Genitalbereich reibt, ist das ein ziemlich gutes Gefühl. Nicht umsonst werden sogar Fingerlinge mit Noppen hergestellt. Ebenfalls sehr gefragt sind farbige Kondome, vor allem die schwarzen haben enorme Anziehungskraft (ob ein Schniedel damit automatisch größer

wird?). Auch Kondome mit Geruch oder Geschmack gibt es in vielen Variationen. Am besten finde ich die goldenen mit Vanillearoma. Und dann gibt es noch welche, die im Dunkeln leuchten (damit auch die kleinen Schnippelchen nicht verloren gehen, wahrscheinlich ...).

In der Regel ...

Es soll Männer geben, die beim Anblick von Blut in Ohnmacht fallen. Mit einem solchen Mann sollte man jegliche Aktivitäten in blutigen Zeiten unterlassen. Dumm ist nur, dass es Frauen gibt, die besonders scharf sind, wenn sie ihre Tage haben. Da kann man nur hoffen, dass sich die Richtigen finden. Sollten Sie zu der Sorte Mann gehören, die sich kein blutiges Schwänzchen holen will, nehmen Sie doch einfach ein Kondom.

Ich sage den Männern oft vorher gar nicht, dass ich meine Tage habe, und es hat sich noch nie einer beschwert, im Gegenteil. Es hat den Jungs sogar besonderen Spaß gemacht, nicht zuletzt, weil ich immer so supergut drauf war.

Wenn sich zwei Vampire gefunden haben, nerven leider die voll gebluteten Bettlaken sehr, die zurückbleiben, wenn im Eifer des Gefechts kein Handtuch zum Drunterlegen bereitlag. Damit nicht ständig das Bett neu bezogen werden muss, gibt es speziell aus Schaumstoff gemachte, kleine weiche Tampons, die garantiert nicht stören. Bedauerlicherweise sind diese einmalig verwendbaren Tampons bisher nur in Sexshops erhältlich und daher auch unter Frauen nicht sehr bekannt. Wer einmal einen solchen Stöpsel benutzt hat, will ihn garantiert nicht mehr missen, nicht nur beim Poppen, sondern auch in der Sauna. Die

Teile sind nämlich nicht nur sehr weich und bequem, sie haben auch kein Rückholfädchen, dass permanent wieder verstaut werden muss. Allerdings ist aus diesem Grund auch das Entfernen der Tampons ein bisschen aufwendiger. Wenn es beim Rausfischen mit den Fingern Probleme gibt, muss man sich einfach unter der Dusche mit dem Duschkopf Wasser ins Möschen spritzen, dann saugen sie sich voll und gehorchen den Gesetzen der Schwerkraft. Auf jeden Fall ist es ein Pluspunkt für Sie, wenn Sie im passenden Moment so ein Teil aus der Nachttischschublade zaubern und dann auch noch wissen, wie man es anwendet. Frauen sind so viel Mitdenken von Männern in der Regel nicht gewohnt.

Atmen und Stöhnen

Achten Sie unbedingt darauf, dass Ihre Angebetete nicht vor lauter Begeisterung die Luft anhält. Die Asiaten wissen schon lange, wie wichtig richtiges Atmen ist. Tiefes und ruhiges Atmen fördert die Durchblutung und wirkt Stress reduzierend.
An der Atmung können Sie außerdem gut ablesen, ob Sie einen Gang höher schalten sollten. Hyperventilieren führt in der Regel zum Heißlaufen. Regelmäßiges Schnaufen ist dafür jedoch kein Indiz. Ein hoher Geräuschpegel ist nicht Besorgnis erregend. Es gibt Frauen, die ihr eigenes Stöhnen total anmacht. Und nicht nur ihr eigenes. Schämen Sie sich bitte nicht, Ihrem Entzücken lauten Ausdruck zu verleihen. Auch das törnt Frauen an.
Versuchen Sie mal, Ihre Atmung der Ihrer Liebsten anzupassen, das steigert das gemeinsame Erleben. Besonders intensiv kommt das, kurz bevor sie kommt (übrigens auch ein alter Trick aus der Tantra-Kiste). Es

kann auch ziemlich antörnend sein, wenn man sich beim Sex anschaut und gegengleich atmet, das heißt, wenn der eine einatmet, atmet der andere aus. Dabei immer schön Augenkontakt halten, dann wird's bald richtig heiß ...

Tue Gutes, und rede darüber

Es geht doch nichts über Verbalerotik. Ich hatte schon den tollsten Sex beim Telefonieren, oder es kam mir völlig überraschend in einem Restaurant, während ich mich ganz gepflegt und sehr detailliert über meine momentanen sexuellen Vorlieben unterhalten habe. Unterschätzen Sie die Macht der Worte also auch im Bett nicht. Es muss dabei nicht unbedingt eine Unterhaltung zustande kommen. Kommentieren Sie einfach jede Ihrer Taten. Sagen Sie ihr zu Beginn, dass Sie sich alle Zeit der Welt für sie nehmen werden. Fragen Sie öfter mal nach, ob es gut ist, wie Sie es ihr gerade machen. Wenn Sie sie lecken, erzählen Sie ihr unbedingt, wie gut sie schmeckt. Selbst wenn Sie es mit einem schüchternen Blümchen zu tun haben und deshalb kein wirklicher Dialog möglich ist, lassen Sie sich nicht irritieren, plaudern Sie einfach weiter, das zieht.

Lars schwört übrigens auch auf Telefonsex. Erotische Telefonate, gerade nach dem ersten Mal, machen ihm und seinen Freundinnen viel Spaß. Er fragt seinen Schwarm dann genau aus, was sie anhat, welche Unterwäsche sie trägt, und dann geht's so richtig zur Sache. Wenn man sich dann das nächste Mal trifft, ist man schon so draufgehoben, dass gar nichts mehr schief gehen kann.

Do it yourself

Es gehört schon ein wenig Vertrauen dazu, bevor man sich hinlegt und es sich unter fremden Augen richtig selbst besorgt. Schade eigentlich, denn das wäre eine enorme Hilfe für den anderen und würde sämtliche Unsicherheiten von Anfang an vom Bett fegen. Wahrscheinlich wird es nicht so viele Frauen geben, die schon in der ersten Nacht eine solche Nummer abziehen. Allerdings würde es viel leichter fallen, wenn man darum gebeten würde. Fragen Sie einfach: »Zeig mir bitte, wie du's magst, ich will alles bei dir richtig machen!« Entweder sie tut's oder nicht, aber zumindest weiß sie, dass es Sie wirklich interessiert. Vielleicht wird sie es dann beim nächsten Date tun.

Ich halte allerdings wenig davon, wenn beide gleichzeitig an sich selbst rumfummeln. So kann sich doch keiner richtig auf eine Sache konzentrieren. Nicht umsonst ist es verboten, beim Autofahren zu telefonieren.

Immer langsam, meine Herren!

Bei Frauen steigert das Beckenbodentraining die Orgasmusfähigkeit, bei Männern bewirkt es genau das Gegenteil: Es verhindert zu schnelles Abspritzen. Für das Training der Beckenbodenmuskulatur werden Sie keine Maschine im Fitnessstudio finden. Nehmen Sie einfach einen nassen Waschlappen, legen Sie ihn sich, am besten direkt nach dem Aufwachen, auf die Morgenlatte, und heben Sie durch Anspannen der Muskeln den beschwerten Schniedel rhythmisch an. Wenn Sie das jeden Morgen tun, ist das eine gute Bremse für Ihren Piepmatz, wenn der mal wieder schneller losschießen will, als er soll. Sie erlernen damit die Kontrolle über den Zeitpunkt der Ejakulation. Das hat schon was mit Tantra zu tun. Durch das Hinauszögern wird auch Ihr Orgasmus viel stärker als gewohnt, und Sie können viel schneller noch mal von vorne loslegen. Lars befürchtete, er sei ein schlechter Liebhaber, wenn er zu schnell abspritzt. Die Möglichkeit, es sich kurz vor einem Date noch mal selbst zu machen, hatte er nie in Betracht gezogen. Meinen Tipp hat er deshalb dankbar angekommen. Wenn Männer mit dicken Eiern Sex haben, ist es für sie nun mal nicht einfach, entspannt zu bleiben und es ihr erst mal gemütlich zu besorgen, bevor man selbst endlich zum Zug kommt. Frauen können, was das betrifft, sehr großherzig sein, aber nur, wenn nach einer schnellen Nummer noch was anderes läuft. Frustrierend wird es erst dann, wenn der Typ sich nach seinem Höhepunkt einfach umdreht und schnarcht.

Wir sind doch keine Hasen!

Wie bei so vielen Dingen kommt es Frauen auch beim Vögeln mehr auf Qualität an als auf Quantität. Das Schlimmste, was einer Frau passieren kann, ist eine Rammelnummer, die, ohne die Stellung zu variieren, ewig dauert. Da die meisten Frauen sowieso unabhängig von der Dauer des Rittes vaginal keinen Orgasmus bekommen, werden Männer, die schneller kommen, immer besser abschneiden. Ich weiß von meinem Freund Lars, dass Männer sich untereinander rühmen, es anderthalb Stunden am Stück gemacht zu haben. Dabei grenzt das für Frauen gelegentlich schon an Körperverletzung.

Routiniert ja, aber keine Routine

Natürlich ist es ein erhabenes Gefühl, wenn man endlich bei einer neuen Gespielin durchgeblickt hat und automatisch die richtigen Knöpfe in der richtigen Reihenfolge drücken kann. Es gibt allerdings für Frauen nichts Langweiligeres, als immer schon genau im Vorfeld zu wissen, was gleich passieren wird. Probieren Sie immer mal wieder was ganz anderes aus, und bereichern Sie damit Ihr gemeinsames Liebesleben.

Im Bett vögeln mag zwar bequem sein, aber während des gemeinsamen Kochens auf dem Küchentisch ein kleines Nümmerchen zu schieben kann auch sehr nett sein. Prüfen Sie bitte vorher unbedingt den Tisch auf seine Stabilität. Ich habe manchmal Kundenpärchen, die gemeinsam in der Kabine verschwinden und für eine Viertelstunde nicht mehr zu hören und zu sehen sind. Ich halte mich dann immer diskret zurück. Ist ja klar, dass das Anprobieren von Dessous die Menschen auf nette Ideen bringt. Ich kann das nur begrüßen. Probieren Sie es mal aus.

Pannen und wie man sie vermeidet

Ja, Frauen haben es gut. Sie können jederzeit einen Orgasmus nach dem anderen vortäuschen. Ich kenne keine Frau, die das nicht schon getan hat, natürlich ohne dass man ihr auf die Schliche kam. Woran sollte man das auch festmachen? Selbst die Muskelkontraktionen des Beckenbodens kann jede Frau simulieren. Nicht, dass sie wirklich was davon haben, diese Damen, außer vielleicht einen Moment ihre Ruhe, aber das scheint manchmal Grund genug zu sein.

Die armen Männer hingegen haben vor nichts mehr

Angst, als plötzlich keinen hochzukriegen. Mein Freund Lars war ein einziges Mal in dieser peinlichen Situation und hat seitdem Panik davor, dass es ihm noch mal passieren könnte. Es geschah natürlich auch noch bei einer Frau, auf die er so richtig stand, er fand sie hocherotisch, und sie war ihm sehr wichtig. Hochpeinlich und total erniedrigend fand er diese Situation. Am nächsten Tag kam er zu mir und erzählte mir von seiner Angst vor ihrem Mitleid. Bekanntlich sind bei den meisten Männern Potenzprobleme nicht körperlichen, sondern eher seelischen Ursprungs. Und je mehr sie sich darüber Gedanken machen, dass es nicht klappen könnte, umso eher kommt er dann, der Hänger. Immer mit der Ruhe, meine Herren. Frauen haben mit diesen kleinen Pannen kein Problem. Irgendwo sind wir alle Muttis und Krankenschwestern, die nichts lieber tun, als verständnisvoll unter die Arme zu greifen. Insgeheim freuen wir uns außerdem darüber, denn es demonstriert uns offensichtlich, dass nicht der Schwanz den Ton angibt, sondern der Kopf und das Gefühl. Wir mögen das, ehrlich. Machen Sie es sich leicht, und sprechen Sie einfach über Ihre Ängste, ich bin sicher, dann geht alles viel besser.

Mimen Sie bitte nie die beleidigte Leberwurst, wenn eine Frau Ihnen, ob durch die Blume oder direkt, zu verstehen gibt, dass sie etwas nicht mag. Sie sollten für jeden Hinweis dankbar sein. Nehmen Sie es als Anregung und nicht als Kritik, und scheuen Sie sich ebenfalls nicht, ihr zu sagen, wenn sie etwas tut, worauf Sie gar nicht stehen.

Auch wenn man frisch verliebt schon beim Knutschen abgeht wie eine Rakete, verliert sich das bekanntlich schnell, bei den meisten ungefähr nach einem halben Jahr. Schwierig wird es, wenn eine Frau erst nach sechs Monaten erklärt, dass sie auf glattrasierte Männerhaut steht, weil ihr langsam der Hautausschlag an den Innenseiten der Oberschenkel auf die Nerven geht. Jeder Mann wird sich dann fragen, was er in den letzten sechs Monaten bloß alles falsch gemacht hat. Also, auch wenn's schwer fällt, es gibt nichts Wichtigeres, als immer gleich zu sagen, was einem nicht passt.

Tränen lügen nicht

Lars erzählte mir mal von einer besonders sensiblen Bettgenossin, und dass er erschrak, als sie plötzlich in Tränen ausbrach. Aber: Es gibt kein schöneres Kompliment, das Sie von einer Frau bekommen können, als Tränen nach einer gelungenen Nummer. Sie sind ein weitaus besseres Zeichen dafür, dass es Ihrer Süßen gefallen hat, als jeder Stöhner es sein könnte. Kriegen Sie keinen Schrecken, sondern nehmen Sie Ihre Süße in den Arm, und freuen Sie sich heimlich. Sollte sie allerdings schon mittendrin anfangen zu heulen, sollten Sie schnellstens die Position wechseln.

Kleines Mösen-Einmaleins

Lars konnte nie verstehen, dass sich die Mädels immer so zieren, bis man ihnen mal gemütlich zwischen die Beine gucken kann. Ich habe eine ganz einfache Erklärung dafür, warum die meisten Frauen ein eher distanziertes Verhältnis zu ihrer Muschi haben: Viele wissen selbst nicht mal, wie es zwischen ihren Beinen aussieht. Alles liegt so versteckt, dass es regelrechter Verrenkungen und eines Taschenspiegels bedarf, um sich dort umsehen zu können. Ganz im Gegensatz zu Männern, die beim Duschen und Pinkeln schon immer Gelegenheit hatten, Vergleiche mit anderen Pimmeln anzustellen. Vielleicht schaffen Sie es ja, bei Ihrer Eroberung größere Offenheit im Umgang mit ihren Sexualorganen zu erreichen. Damit würden Sie und Ihre Artgenossen der Menschheit einen großen Dienst erweisen, glauben Sie mir. Vielleicht nicht gleich am ersten Abend, aber etwas später können auch kleine Doktorspiele sehr aufregend und lustig sein. Nach dem Motto »Machen Sie sich mal untenrum frei« sollten Sie sich eingehend den optischen Reizen ihrer Muschi widmen. Rufen Sie sich dieses Bild immer dann vor Augen, wenn Sie sich an's Werk begeben, das kann bei der Suche nach den richtigen Punkten sehr hilfreich sein.

Der erste Schritt raus aus der Anonymität ist es, dem versteckten Möschen einen Namen zu geben. Wahrscheinlich hat Ihr Schwanz schon längst einen und wird auch gern mal direkt angesprochen und nach seinen Wünschen befragt. Darüber würde sich so manches weibliche Geschlechtsteil gewiss auch freuen. Schade, dass die meisten allgemein bekannten Bezeichnungen für Mösen entweder despektierlicher oder medizinischer Natur sind. Wie soll da Stimmung aufkommen? Denken Sie sich doch einfach zusammen einen Namen aus, der ihr gemeinsames Geheimnis bleibt.

Die Klitoris

Bitte denken Sie nicht, dass ich Männer für Ignoranten halte. Es mag Ihnen vielleicht so vorkommen, weil ich sozusagen bei null anfange. Ich bin sicher, Sie wissen alle, dass die Klit (ich verwende dieses vor allem in Lesbenkreisen bekannte Wort einfach lieber, es hört sich irgendwie netter an, als die Long Version aus der Medizin) ein wichtiger sexueller Reizpunkt der Frau ist. Aber es scheint noch nicht allen ganz klar zu sein, welche Bedeutung diese kleine Lustperle bei der sexuellen Befriedigung von Frauen tatsächlich hat. Sie spielt bei der Mehrzahl der Frauen die Hauptrolle. Ohne die Klit geht gar nichts. Und aus eigener Erfahrung, detaillierten Erlebnisberichten von Kundinnen und nicht zuletzt durch die Unsicherheit meines Freundes Lars liegt es auf der Hand, dass zwar jedermann weiß, dass es sie gibt, aber noch lange nicht, wo sie sich genau befindet und was im Detail damit passieren soll. Um jedes eventuelle Missverständnis auszuräumen, fange ich also bei null an.

Die Klitorisspitze ist nur die sichtbare Spitze des Eisberges und liegt direkt unter dem Schambein (vom Bauchnabel aus betrachtet natürlich) erst einmal klein und versteckt unter einer Hautkapuze, die sich mit steigender Erregung zurückzieht. Direkt darüber laufen die großen Schamlippen zusammen. Gut zu finden ist sie mit dem befeuchteten Finger, wenn man vom Scheideneingang am inneren Rand der kleinen

Schamlippen entlang nach oben fährt, bis man einen Hügel erreicht. Egal, wie groß oder klein die Klit auch sein mag, das sagt nichts über die Empfindungsfähigkeit aus. Sowohl die Größe als auch die Gefühle bei Berührungen variieren von Frau zu Frau. Im Laufe der Erregung füllt sich die Klitoris und das gesamte Umfeld mit Blut (ähnlich wie Ihr Schniedel das auch tut). Meistens reagiert sie sehr empfindlich auf Berührungen, vorsichtiger Umgang empfiehlt sich also unbedingt. Bekommen Sie möglichst schnell heraus, wie es Ihre Bettgenossin am liebsten hat, und fragen Sie öfter zwischendurch nach, ob es okay ist, was Sie gerade tun. Es kann nämlich sein, dass es ihr am Anfang einer Session soft gefällt, und kurz vor dem Kommen braucht sie's plötzlich heftiger. Wie gesagt, ist das von Frau zu Frau verschieden. Lars fragte mich mal: »Wie fühlt sich das eigentlich da unten für euch an?« Darauf konnte ich ihm keine allgemein gültige Antwort geben. Wichtig ist, dass die Person, die an einem rumschraubt, weiß, was sie tut. Hirnloses, mechanisches Schrubben nervt total. Es wird Ihnen also nichts anderes übrig bleiben, als Ihre Liebste auszufragen. Jede Frau, mit der ich im Bett war, hatte ihre besonderen Vorlieben. Ich fange bei jeder neuen Liebhaberin wieder bei null an und bin erst mal ziemlich unsicher. Wie muss es da erst euch Männern gehen? Ich kann Ihnen nur raten, sich keinesfalls mit Phrasen wie: »Alles, was du tust, ist ganz toll« abspeisen zu lassen. Das ist auf jeden Fall gelogen. Wenn aus Ihrer Bettgenossin nichts Brauchbares rauszuholen ist, probieren Sie ein paar der erprobten Handgriffe aus, die ich später im Detail erläutern werde. Sie werden die Unterschiede ganz schnell begreifen.

Die Erregungskurve *oder* Auch Frauen haben einen Ständer

Leider haben Männer und Frauen extrem unterschiedliche Erregungskurven. Wenn sich eine Frau noch in der Aufwärmphase befindet und am liebsten geküsst und gestreichelt wird, ist ein Mann schon für alles bereit. Während der Aufwärmphase wird die Frau langsam feucht. Jetzt machen Sie nicht den Fehler, zu große Schlüsse daraus zu ziehen, wie feucht eine Frau ist. Die Menge des körpereigenen Gleitgels sagt nicht wirklich etwas über die sexuelle Bereitschaft aus. Es gibt Frauen, die werden sofort sehr nass, andere grundsätzlich wenig bis gar nicht. In der Erregungsphase passiert in etwa das Gleiche, das einen männlichen Ständer auslöst. Die Schwellkörper werden aktiviert, die Scheide wird länger, die Klitoris wird größer und sichtbarer, die Schamlippen wirken wie aufgepumpt, und die Gebärmutter hebt sich, um Platz für den Schwanz zu machen. Das alles kann locker 20 Minuten oder länger dauern. Achten Sie unbedingt auf diese weibliche Erektion. Durch die Durchblutung schwillt das gesamte Gewebe an und wird dunkler. Erst wenn eine Frau einen Ständer hat, macht es ihr auch Spaß, einen Schwanz in sich zu haben. Wenn eine Frau in der Erregungsphase kontinuierlich an Klitoris und äußeren Genitalien stimuliert wird, kann sie das Plateau erreichen, das sie zu einem oder mehreren Orgasmen führt. Nach dem Orgasmus folgt die Auflösungsphase. Bei vielen Frauen kann es relativ schnell nach der Auflösung oder direkt nach einem Orgasmus noch mal von vorne losgehen. Das ist aber von Frau zu Frau verschieden, probieren Sie es einfach gemeinsam aus. Jedes menschliche Duett hat seine eigenen Geheimnisse.

Die folgenden Punkte können, allein oder in Kombination gedrückt, Auslöser für einen Orgasmus sein. Wie Sie diese Stellen am besten bedienen, erfahren Sie im Kapitel Orgasmus-Kult (s. S. 95).

Der Klassiker: K-Punkt

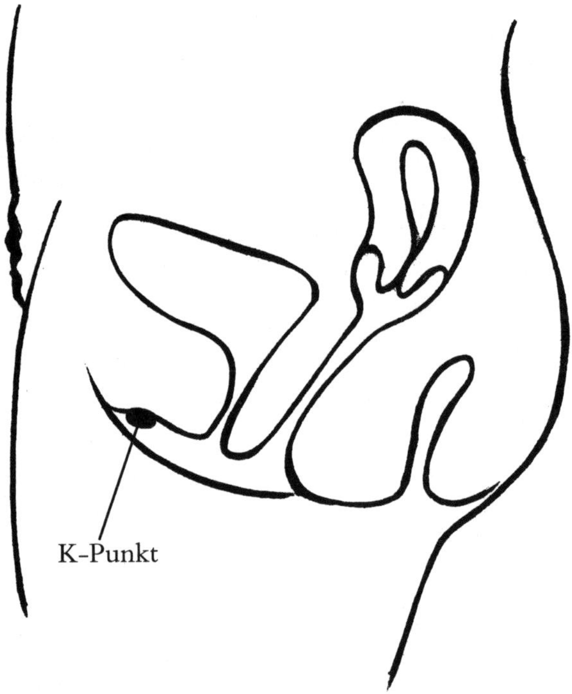

Nicht ohne Grund feiern immer noch alle Frauenzeitschriften den klitoralen Orgasmus, als sei er die neueste Entdeckung. Selbst Shere Hite, die große amerikanische Sexpertin, findet, man sollte der Klitoris endlich mehr Beachtung schenken, weil Frauen durch Penetration die geringste Chance haben, einen Orgasmus zu bekommen. Ich frage mich, ob es an der scheinbaren Winzigkeit der Klitoris liegt, dass sie nach wie vor nicht ernst genug genommen wird. Tatsächlich ist sie so groß wie ein Penis und besteht wie dieser aus Schwellkörpergewebe. Männer haben ihre Klitoris im Penisinneren, sie bewirkt dort die Erektionen. Sie sehen, weibliche und männliche Geschlechtsorgane sind gar nicht so unterschiedlich, sie sehen nur anders aus. Leider scheint immer noch nicht jedermann klar zu sein, wie entscheidend die Stimulation der Klitoris für einen Orgasmus ist. Das liegt wohl daran, dass der größte Teil der Klitoris eben nicht sichtbar ist. Und genauso wie ein Schwanz nur einsatzbereit ist, wenn er steht, ist auch die Voraussetzung bei Frauen für richtig geilen Sex die Erektion der Klitoris. Achtung: Es gibt Frauen, die eine direkte klitorale Stimulation gar nicht aushalten. Gehen Sie also behutsam vor.

Wenn eine Frau am Anfang ihrer Erregungskurve steht, versteckt sich der Klassiker unter einer kleinen Mütze, die sich durch das Anschwellen der Klitoris nach oben verschiebt und den kleinen Knopf frei zugänglich und sichtbar macht. Da dieser Punkt sehr empfindlich ist, verträgt er anfangs nur sanfte Berührung, am besten sogar indirekt, indem man vorsichtig mit den Fingerkuppen um ihn herumkreist, ohne ihn sofort direkt zu berühren. Mit wachsender Geilheit kann der Druck oder das Streicheln verstärkt werden. Achten Sie unbedingt auf die Reaktionen Ihrer Geliebten, und fragen Sie lieber noch mal nach, wenn

Sie nicht ganz sicher sind, wie Sie vorgehen sollen. Falsches Anfassen an dieser Stelle kann bös nach hinten losgehen. Egal, was Sie sonst noch mit Ihrer Liebsten vorhaben, vergessen Sie nie, dass die Klitoris bei den meisten Frauen die Auslöserin für einen Orgasmus ist.

Der Geniale: G-Punkt

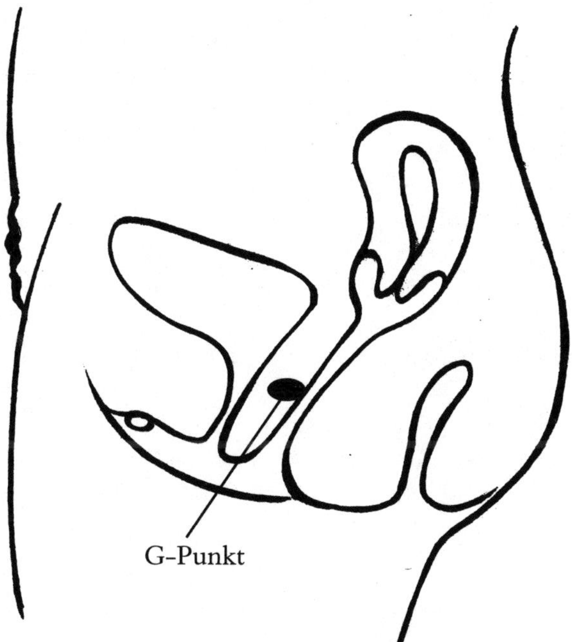

Lars war immer ein absoluter Skeptiker, was die Existenz des G-Punktes betraf. Das lag daran, dass alle Frauen, mit denen er zu tun hatte, ihn auslachten, wenn er mit dem Thema anfing. Er zweifelte schon an meinen Erfahrungsberichten, weil seine Freundinnen offensichtlich alle keinen G-Punkt hatten. Im Laden werde ich tatsächlich auch oft von Kundinnen gefragt, ob es diesen ominösen Punkt überhaupt gibt. Natürlich gibt es ihn. Nur hat nicht jede Frau bei dessen Berührung die gleichen Gefühle. Manche empfinden die Berührung dieses Punktes wie einen Druck auf die Blase und möchten am liebsten gleich das nächste Klo aufsuchen. Anderen ist es einfach nur unangenehm, und dann gibt es eben die Frauen, die durch gezielte G-Punktmassage ejakulieren oder gar kommen.

Wie sich das bei Ihrer Geliebten anfühlt, müssen Sie schon selbst erkunden. Sie finden den G-Punkt, indem Sie die Dame auf den Rücken legen, den Zeigefinger mit nach oben gerichteter Handfläche in sie einführen und nach oben biegen. Fühlen Sie dann eine kleine Fläche, die glatter ist, als die Umgebung, sind Sie am Ziel.

Der Unbekannte: U-Punkt

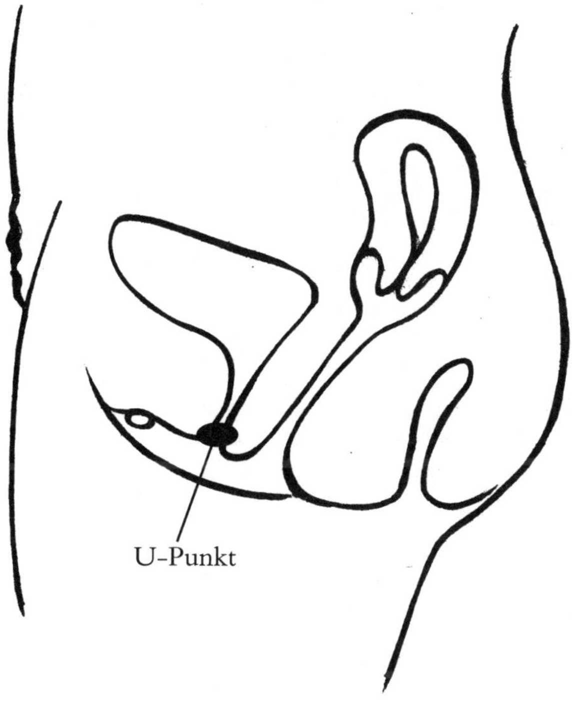

Noch unbekannter als der G-Punkt ist der U-Punkt. Er liegt ziemlich genau zwischen Scheideneingang und Klitoris am Ausgang der Harnröhre. Dort ist das Gewebe besonders empfindlich für Berührungen, weil dieser Punkt von allen Seiten von den Klitorisarmen umgeben ist. Es ist möglich, dass eine Frau gefühlsmäßig gar nicht zwischen Klitoris- und U-Punkt-Stimulation unterscheiden kann. Bei Frauen, deren Klit besonders sensibel ist, bietet sich das Ausweichen auf den U-Punkt an. Aber bitte unbedingt mit sauberen Fingern, sonst kann sich aus dem Spaß eine handfeste Harnröhrenentzündung entwickeln.

Der Versteckte: V-Punkt

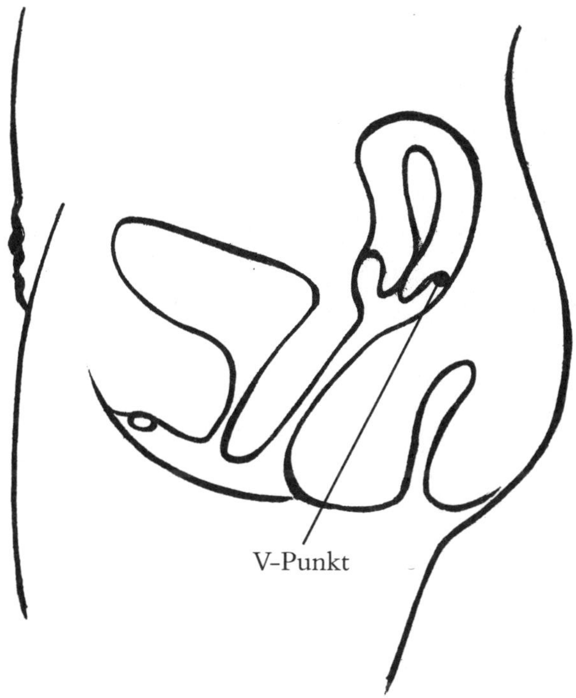

Wenn eine Frau so richtig erregt ist und die Scheide sich weit ausgedehnt hat, ist es möglich, mit dem Pimmel das Vaginadach zu erreichen. Allerdings ist das eine heikle Angelegenheit, denn wenn Sie stattdessen den Muttermund erwischen, ist das echt schmerzhaft. Stoßen Sie also nicht wild drauflos, sondern lassen Sie sich am besten von Ihrer Partnerin dorthin dirigieren. Einige Kundinnen haben mir berichtet, dass Sie am besten kommen, wenn Sie einen Mann auf sich liegen haben, der sich von der Frau in die richtige Richtung schieben lässt. Anders funktioniert das nicht. Gehen Sie also davon aus, dass Sie allein einen vaginalen Orgasmus (s. S. 100) nicht auslösen können, sondern dabei unbedingt auf die Mithilfe der Frau angewiesen sind.

Sprudelnde Leidenschaft *oder* Die weibliche Ejakulation

Mit dem Märchen vom Penisneid möchte ich hiermit ein für alle Mal aufräumen. Nachdem Sie gelernt haben, dass die Klitoris so groß ist wie ein Schwanz, möchte ich Ihnen jetzt etwas über die Ejakulation der Frau erzählen.

Vielleicht haben Sie schon einmal von der weiblichen Prostata gehört? Oder dass Frauen genauso weit schießen können wie Männer? Lars ist das einmal untergekommen, und er war ganz entsetzt. Er ging fälschlicherweise davon aus, dass die Dame eine latente Blasenschwäche hätte. Die ganze Situation war einfach schrecklich peinlich, weil er sich nicht traute nachzufragen und die Arme wohl auch nicht wusste, wie ihr geschah. Offensichtlich wusste keiner von den beiden, dass es gar nicht möglich ist, in erregtem Zustand zu pinkeln. Es handelt sich dabei nicht um Urin, sondern um ein von einer prostataähnlichen Drüse in der Harnröhre produziertes, glasklares Sekret. Manchmal wird bei so einer Ejakulation so viel Flüssigkeit verspritzt, dass es sich empfiehlt, ein Handtuch oder gar ein Gummituch unter das Laken zu legen, denn das hält keine Matratze lang durch. Wenn Ihnen so etwas schon einmal passiert ist, haben Sie wahrscheinlich eine perfekte G-Punkt-Stimulation aufs Parkett gelegt. Herzlichen Glückwunsch.

Als ich das erste Mal mit diesem Phänomen konfrontiert wurde, war ich stolz wie Oskar, weil meine damalige Partnerin das vorher auch noch nicht erlebt hatte. Aber dann war der Knoten geplatzt, und es passiert ihr seitdem immer wieder. Frauen, die ejakulieren, empfinden das ziemlich unterschiedlich. Ein Orgasmus wird dadurch nicht unbedingt intensiver empfunden und hängt gegebenenfalls auch gar nicht unbedingt direkt damit zusammen. Wie auch immer, ich finde es jedenfalls immer total aufregend. Versuchen Sie es mal, es lohnt sich.

Technische Erfolgsrezepte *oder* Greifen Sie zu!

Mit der Technik ist das immer so ’ne Sache. Man darf bei dem Erwerb von technischem Know-how nie außer Acht lassen, dass jede Frau, mit der man zu tun hat, vermutlich auf völlig andere Sachen steht. Allerdings gibt es ein paar Grundsätze, bei denen sich die Frauenwelt einig ist: Es darf nicht zu schnell gehen, die Klit spielt die Hauptrolle und vaginale Orgasmen haben eher Seltenheitswert oder kommen gar nicht vor. Aber ganz ohne Technik geht’s nun mal auch nicht. Also: Greifen Sie zu!
Voraussetzung für einen guten Handjob sind kurze und glatt gefeilte Fingernägel, weiche Nagelhaut ohne störende Hautfetzchen und natürlich saubere Hände und Nägel. Lars hat mich ausgelacht, als ich ihm diesen Maniküre-Vortrag gehalten habe. Aber als ich ihm eine winzige Narbe auf meiner Zeigefingerkuppe zeigte, die er mit der Hand fast nicht spürte, und ihm sagte, dass ich es mir mit diesem Finger nicht selbst machen könnte, weil mich diese winzige Narbe stört, hat er doch verstanden. Frauen sind zwischen ihren Beinen wirklich extrem empfindlich! Deshalb schauen Frauen als Erstes auf die Hände; schmutzige oder abgekaute Fingernägel wirken abtörnend und können im schlimmsten Fall sogar bakterielle Entzündungen zur Folge haben.

Legen Sie sich auf keinen Fall sofort mit großen, staunenden Augen zwischen ihre Beine, denn das wird sie verunsichern. Wenn Sie mit den Berührungen beginnen, hören Sie nicht mit dem Küssen auf, und schauen Sie ihr in die Augen, das lenkt sie ein wenig von der eventuellen Peinlichkeit der ersten körperlichen Kontaktaufnahme ab.

Egal, ob Sie gern hinter ihr, unter ihr, auf ihr oder neben ihr liegen, während Sie es ihr mit der Hand besorgen, bedenken Sie, dass es länger dauern kann. Damit Sie nicht zu schnell ermüden, achten Sie auf eine bequeme Körperhaltung. Es wäre wirklich jammerschade, wegen eines Krampfes in der Hand eine Sekunde zu früh aufhören zu müssen und die ganze Arbeit umsonst getan zu haben.
Bevor Sie überhaupt daran denken, Ihrer Holden zwischen die Beine zu greifen, sollten Sie jeden Zentimeter ihres Körpers mit Küssen und Streicheleinheiten bedacht haben. Würde mich nicht wundern, wenn sie dabei schon fast wegfliegt. Egal, was Sie vorhaben, fangen Sie immer langsam an, und steigern Sie dann die Bewegung. Grundsätzlich ist Abwechslung das A und O, damit es nicht langweilig und vorhersehbar wird. Irgendwann sollten Sie dann schon auch Ihre Hände in Richtung Lustzentrum bewegen. Wenn eine Frau allerdings dann die Beine nicht von selbst öffnet, ist das ein Zeichen für falsches Timing. Probieren Sie es einfach fünf Minuten später noch mal.

Der indirekte Griff

Mit diesem Trick sollten Sie am besten das Liebesspiel beginnen und darauf achten, keinen direkten Kontakt mit K- und U-Punkt aufzunehmen. Kreisen Sie zuerst ganz dezent um Schamlippen und Klitoris herum, um nach einer Weile mit Daumen und Zeigefinger der anderen Hand leicht erst an den großen, dann an den kleinen Schamlippen zu ziehen.

Der Daumendreher

Einfach, aber effektvoll ist es, wenn Sie Daumen und Zeigefinger mit Gleitgel anfeuchten und die Klitoris leicht zwischen diesen beiden Fingern drehen, als wollten Sie die Musik im Autoradio lauter stellen. Vorsicht: Auf keinen Fall fest zupacken, außer sie bittet darum.

Der Bowlinggriff

Vor der Frau liegend oder auf den Fersen sitzend, schieben Sie zwei Finger in die Muschi und nehmen den Daumen für die Klitoris. Jetzt haben Sie noch eine Hand frei, die sich ganz dem Hinterteil widmen kann. Fangen Sie langsam an, einen Finger in den Po einzuführen und wieder rauszuziehen. Bitte viel Gleitmittel verwenden.

Der Wiegegriff

Für diesen Griff liegt die Frau am besten auf dem Bett und Sie knien auf dem Boden. Halten Sie dann Ihre Hand so, dass der Daumen nach unten zeigt und in ihrer Muschi versenkt werden kann, um den G-Punkt zu verführen. Die anderen vier Finger üben gleichzeitig sanften Druck auf den gesamten Genitalbereich aus. Wenn Sie jetzt Ihre Hand nach oben und unten wiegen, stimulieren Sie gleichzeitig G , U und K-Punkt. Legen Sie Ihre freie Hand jetzt fest auf die Bauchdecke, so dass Sie einen Gegendruck zu Ihrem Daumen, der immer noch den G-Punkt lockt, ausüben. Merke: Die meisten Frauen lieben es, wenn Druck auf die Bauchdecke ausgeübt wird, während sie – egal wie – penetriert werden. Auch sehr angenehm ist es, wenn die Haut des Venushügels leicht in Richtung Bauch gedehnt wird.

Der V-Griff

Hierbei handelt es sich um einen Griff für Voyeure und Lars' Lieblingsgriff. Sie sitzen oder liegen am besten hinter Ihrer Liebsten. So können Sie bequem von oben die Schamlippen mit dem Zeige- und Mittelfinger der einen Hand spreizen. Legen Sie die andere Hand darauf ab, und kreisen Sie mit dem Mittelfinger immer um den K-Punkt herum. Noch besser wird's, wenn Sie noch mit einem oder zwei Fingern die Möse beglücken. Eine sehr bequeme und nicht ermüdende Position mit gutem Ausblick.

Orale Machenschaften

Sind Sie gut rasiert, im Gesicht, meine ich? Dann kann's ja los gehen. Einem guten Handjob sollte auf jeden Fall ein mindestens ebenso guter Blowjob folgen. Auf keinen Fall die Reihenfolge verwechseln. Ein bisschen Vertrauen braucht's schon, damit sich eine Frau beim Lecken wirklich locker machen kann. Sehr zur Entspannung kann gleich zu Beginn ein entzückter Ausruf Ihrer Seite über ihren guten Geruch und Geschmack beitragen. Leider empfinden viele Frauen, selbst wenn sie frisch gewaschen sind, ihren eigenen Geruch eher als unangenehm und zieren sich deshalb auch gern ein wenig. Lassen Sie sich davon einfach nicht beeindrucken. Sollte Ihre Holde doch ein wenig streng riechen (weil Sie vielleicht gerade ihren Eisprung hat), holen Sie einfach einen Waschlappen und warmes Wasser und beziehen Sie diese kleine Waschzeremonie geschickt in Ihr Spiel mit ein. Um solche Unterbrechungen von vornherein zu vermeiden, ist eine gemeinsame Dusche vorher bestens geeignet. Und nun machen Sie es sich unbedingt bequem.

Lars hat sich einmal über Schmerzen im Kinn gewundert und konnte sich gar nicht erklären, wo die herkamen. Ich konnte das Rätsel lösen: Es handelte sich um Muskelkater. Es gibt beim Lecken aber eigentlich gar keinen Grund, sich zu verkrampfen. Lassen Sie den Mund einfach ganz locker, wenn Sie die Zunge sanft einsetzen. Denn: Wer sich beim Lecken nicht entspannt, wird wahrscheinlich nicht so lang durchhalten, bis sie kommt. Schade, denn ich finde, es kommt so schnell nichts an einen mit dem Mund gemachten Orgasmus heran. Das liegt bestimmt daran, dass man es sich beim besten Willen nicht selbst mit dem Mund besorgen kann, außer man hat eine Ausbildung beim Chinesischen Staatszirkus hinter sich. Locker bleiben ist beim oralen Sex die Kunst. Lieber mal zwischendurch die Hand zur Hilfe nehmen und danach mit dem Mund weitermachen. Besonders gut kommt es, wenn man einen oder mehrere Finger oder gar einen Dildo oder Vibrator dabei in ihre Möse steckt oder sich sogar für einen Finger für die Muschi und einen für den Hintern erwärmt. Wenn Sie Ihrem Schätzchen ein Kissen unter den Po schieben, können Sie sich auch bequem auf die Ellenbogen stützen und haben am nächsten Tag keinen steifen Nacken.

Bevor Sie eintauchen, orientieren Sie sich am besten kurz. Nehmen Sie dafür beide Hände, und spreizen Sie die Schamlippen leicht, um besser dranzukommen. Wollen Sie Ihre Hände frei haben für den einen oder anderen Kombigriff, bitten Sie Ihre Lady darum, ihre eigenen Hände einzusetzen, um das Heiligtum freizulegen. Jetzt fangen Sie an mit dem ganzen Mund, und lassen Sie die Zunge anfänglich außen vor, auch die Klitoris sollte nicht sofort Ziel Ihres Angriffs sein. Die Geschmacksknospen der Zunge können sich, wenn eine Frau noch nicht wirklich erregt ist, anfühlen wie ein Reibeisen. Die Unterseite der Zunge ist also erst mal besser geeignet, weil sie viel weicher und zarter ist.

Jetzt stellen Sie sich einfach vor, Sie lecken an einem Eis, immer von unten nach oben. Später können Sie dann die Zunge lustig kreisen lassen. Ich finde es am geilsten, wenn die Klitoris mit dem Mund erst mal soft eingesaugt wird und die Zunge dabei schnell, aber leicht darüber fährt. Probieren Sie's mal aus.

Auch wenn viel über die 69er-Stellung geredet wird, rate ich davon ab. Eine Frau kann sich dabei nur schwer auf sich selbst konzentrieren. Wie soll sie in Fahrt kommen, während sie Ihnen einen bläst? Das klappt nicht.

Analitäten

Ich möchte Sie unbedingt bitten, sich nicht zu leicht von ihrem Hintern abbringen zu lassen, denn ich weiß, wie geil es sich anfühlt, wenn man sich erst mal darauf einlässt. Langsames und vorsichtiges Vorgehen hat bei sämtlichen Afterspielen erste Priorität. Es gibt da nämlich einen Muskel, der muss sich erst vorsichtig überreden lassen, sich lockerzumachen. Sparen Sie auf keinen Fall an Gleitgel, dann geht alles viel leichter. Beginnen Sie das Spiel, indem Sie mit einem gut geschmierten Finger erst einmal um das Arschlöchle herum Kreise ziehen, bevor Sie ihn langsam einfüh-

ren. Sie werden merken, dass sich der Muskel unwillkürlich zusammenzieht. Halten Sie kurz an, und machen Sie erst weiter, wenn sich das Ganze gelockert hat. Machen Sie langsame Rein- und Rausbewegungen, und drehen Sie den Finger dabei hin und her. Die andere Hand sollte sich derweil um die Klitoris kümmern, um ein bisschen abzulenken und weil sich diese beiden Gefühle gut ergänzen.
Wenn eine Frau erst einmal begriffen hat, dass Analsex nichts mit Schmerz, sondern mit Lust zu tun hat, können Sie es das nächste Mal mit einem kleinen Vibrator oder weichen Dildo versuchen, bevor Sie dann final Ihren Schwanz einsetzen. Ist Ihre Dame erst mal daran gewöhnt, wird sie diese Analitäten nicht mehr missen wollen, das kann ich Ihnen versprechen.
Haben Sie schon mal was von Rimming gehört? Man sagt auch Arschlecken dazu. Das ist vom gesundheitlichen Standpunkt aus gesehen nicht so ohne. Es ist leider so, dass fremde Kolibakterien nicht ungefährlich sein können. Schade eigentlich, weil es sich wirklich für den, der's gemacht bekommt, ziemlich gut anfühlt. Wenn Sie neugierig, aber ängstlich sind, legen Sie halt ein Stück Frischhaltefolie dazwischen, das tut dem Gefühl keinen Abbruch.

Die einzig wahren Positionen

Ich spreche hier nicht vom Kamasutra, denn die dort aufgeführten Positionen sind nur für akrobatische Talente und Leute ohne Bandscheibenprobleme geeignet. Am wirkungsvollsten sind die Positionen, bei denen mindestens eine Hand frei ist und die Möglichkeit besteht, die Orte zu berühren, bei deren Stimulation ihre Chance, einen Orgasmus zu erreichen, steigt.

Die Romantische

Bestimmt nichts Neues, aber wer auf Augenkontakt und Küssen beim Sex steht, wird wahrscheinlich die gemeinhin als Missionarsstellung bezeichnete Position wählen. Außerdem kann es sein, dass durch die Reibung des Mannes an der Perle eine Frau sogar auch auf ihre Kosten kommt. Dabei muss auf kontinuierlichen Körperkontakt unbedingt geachtet werden. Diese Position ist allerdings nicht gut geeignet für relativ kleine Schwänze. Die Frau legt sich also auf den Rücken, im besten Fall mit einem Kissen unterm Hintern, der Mann liegt auf ihr. Gut trainierte Männer können durch Durchdrücken des Rückens ins Hohlkreuz das Eindringen des Schwanzes so steuern, dass der G-Punkt stimuliert wird.

Die Reiterin

Alle Positionen, bei denen die Frau oben ist, haben den großen Vorteil, dass sie so aktiv an ihrem Orgasmus mitarbeiten kann. Die Frau kniet sich also, mit

Brust oder Rücken zu Ihnen gerichtet, über Sie und kann so besser die Tiefe des Eindringens, die Geschwindigkeit und die Reibung steuern.

Die Prähistorische

Die Lieblingsposition unserer Vorfahren aus der Steinzeit. Die haben's wahrscheinlich damals den Tieren abgeguckt: klassisch von hinten in die Möse. Toll dabei ist, dass Ihre Partnerin dabei gleichzeitig manuell super befriedigt werden kann.

Das Löffelchen

Eine sehr bequeme Geschichte ist es, wenn Sie auf der Seite hinter ihr liegen und sie mit der anderen Hand am Klassiker kitzeln. In dieser Position können Sie erst den Penis zwischen ihren Beinen durchschieben, bis die Eichel die Klitoris berührt. Wenn die Frau jetzt die Beine leicht zusammenpresst und Sie sich leicht vor- und zurückbewegen, ist es für beide vielleicht noch ein größerer Spaß, als klassisch in sie einzudringen.

Der Orgasmuskult

Eigentlich ist es eine nette Vorstellung, gleichzeitig zu kommen, das passiert aber ganz selten und vor allem meistens dann, wenn man nicht darauf wartet. Warum es so schwierig ist, gleichzeitig zum Höhepunkt zu kommen, liegt ganz einfach an den unterschiedlichen Erregunskurven von Frauen und Männern. In zehn bis dreißig Sekunden ist ein Penis eregiert und will nur noch rein in die gute Stube. Bis dahin sind Frauen noch nicht annähernd offen für seinen Besuch. Jetzt ist erst mal Handarbeit gefragt, so lange, bis alle Schwellkörper bei ihr bereit sind zum finalen Eindringen. Das kann locker eine Viertelstunde bis dreißig Minuten dauern, wenn nicht länger. Lars sagt immer, bis dahin ist er schon fast geplatzt. Behalten Sie bitte Contenance, meine Herren. Mir ist schon klar, dass Männer ständig im Zwiespalt mit ihren Bedürfnissen sind und den inneren Schweinehund oft nicht besiegen können. Das geht allerdings dann immer so aus, dass die Frauen das Nachsehen haben. Ich hab mir schon viele Gedanken darüber gemacht, warum das bei Männern und Frauen im Grunde völlig gegensätzlich abläuft, irgendwer hat da bei der Entwicklung nicht wirklich nachgedacht. Aber da wir heute nichts mehr daran ändern können, müssen wir mit den Gegebenheiten leben und das Beste daraus machen.

Als Erstes gilt es für Sie, herauszufinden, wie Sie die Frau am besten kommen lassen. Gehen Sie nicht unbedingt davon aus, dass eine Frau alles kennt, was ihr gut tut. Es kann also immer wieder zu netten Überraschungen kommen. Meinen ersten vaginalen Orgasmus hatte ich mit einem Dildo, der so geformt war, dass er genau meinen G-Punkt getroffen hat. Ich habe nicht schlecht gestaunt, weil ich bis dahin fest der Überzeugung war, ohne G-Punkt ausgestattet zu sein. So kann man sich täuschen. Aber das zeigt auch, dass die Form eines Schwanzes oder der Einführwinkel verantwortlich sein können für das Gelingen eines guten Ficks. Na ja, und wenn es so nicht klappt, dann eben anders.

Der Kuss-Orgasmus

Grundsätzlich haben Frauen ein riesiges Orgasmus-Potenzial. Aber zuerst mal fühlen sie mit dem Kopf. Phantasie spielt die Hauptrolle. Das Außenrum muss perfekt sein, möglichst alle eventuellen Störfaktoren müssen ausgeschaltet werden. Eigentlich könnte eine Frau bei passenden Rahmenbedingungen schon beim Küssen einen Orgasmus kriegen. Einmal ist Lars das passiert. Seitdem ist es seine Lieblingsgeschichte, die er zu jeder passenden und unpassenden Gelegenheit zum Besten gibt. Natürlich ist so ein Kuss-Orgasmus ein echter Idealfall, der selten eintritt. Was allerdings öfter vorkommt, ist, dass der Wunschgedanke an einen Orgasmus das Hirn so in Anspruch nimmt, dass nichts mehr geht. Das können Sie sich bestimmt schwer vorstellen. Was lernen wir daraus? Den Fokus nicht auf einen Orgasmus legen, der Weg sollte das Ziel sein. Im Gegensatz zum Mann gibt es bei Frauen allerdings viele Wege, die sich oft kreuzen. Ein vaginaler Orgasmus wird meistens durch Miteinbeziehen der Klitoris erreicht. Oder der G-Punkt oder das Vaginadach neben dem Muttermund sind daran beteiligt. Es ist also eine gezielte Vorgehensweise gefragt. Probieren Sie einfach mal alles durch, oder versuchen

Sie, alle magischen Punkte gleichzeitig zu erwischen. Zum Glück sind ja alle spannenden Stellen nah und quasi auf einer Linie angeordnet. Und immer schön langsam anfangen und zum Ende hin ruhig fester zupacken. Mit ein bisschen Übung kriegen Sie das schon auf die Reihe.

Merke: Die drei wichtigen Grundvoraussetzungen für einen Orgasmus sind: Feuchtigkeit, Berührung, Erektion!

Der K-Punkt-Orgasmus

Die meisten Frauen fahren am besten ab, wenn die Klitoris direkt oder indirekt mit Fingern, Mund, Zunge, Vibrator oder durch Körperreibung stimuliert wird. Erst vor kurzem hat eine schlaue Ärztin entdeckt, dass die Klitoris nicht etwa nur ein knopfgroßes Gebilde ist, sondern dass sich ihre Arme an beiden Seiten der großen Schamlippen bis zum Scheideneingang hinunterziehen und auch weit in den Körper hineinreichen. Die gesamte Klitoris besteht aus Schwellkörpern und hat die gleichen Reaktionen und Gefühle wie Ihr Schwanz auch. Entsprechend genial fühlt es sich an, dort berührt zu werden. Aber das gute Gefühl kann auch schnell ins Gegenteil umschlagen, wenn etwas falsch gemacht wird. Fangen Sie also unbedingt ganz langsam an, nehmen Sie ein wenig Gleitgel, und kümmern Sie sich erst mal um das direkte Umfeld, also die großen und kleinen Schamlippen, den Scheideneingang und den Bereich um die Klitoriseichel herum. Vielleicht ist Ihnen schon aufgefallen, dass der erst mal ziemlich kleine Lustpunkt sich anfänglich unter einer Kappe versteckt und erst richtig sichtbar wird, wenn er bereit ist für direkte Berührung. Außerdem hat er zuweilen ein enormes Wachstumspotenzial. Die meisten Frauen finden, wenn sie erst mal richtig scharf sind, kontinuierliche Bewegungen am besten; oft gibt es auch noch einen ganz bestimmten Punkt, wo es sich am besten anfühlt, meistens ist der seitlich an der Klitoriswand. Wenn Sie diesen magischen Fleck gefunden haben, sollten Sie besser nicht mehr davon abrutschen und einfach stur kleine kreisende oder Auf-und-ab-Bewegungen machen. Und hören Sie um Himmels willen nicht damit auf, wenn Sie merken, dass sie richtig verrückt darauf ist. Frauen können auch zweimal kommen, meistens direkt hintereinander, und danach können Sie mit gutem Gewissen an sich denken, wenn Ihr kleiner Freund in der Zwischenzeit nicht schon geplatzt ist. Viele Frauen empfinden es als besonders angenehm, gleichzeitig beim Vögeln an der Klitoris stimuliert zu werden. Manchmal machen sich's die Mädels dabei auch gern noch selbst. Dafür bieten sich natürlich nur ganz bestimmte Stellungen an, beispielsweise von hinten. Oder schieben Sie ihr einen oder zwei Finger in die Muschi, während Sie sie lecken. Mit einem Finger kann dann noch zusätzlich der G-Punkt gelockt werden, eine wirklich geniale Kombi.

Der G-Punkt-Orgasmus

Den G-Punkt entdecken Sie am leichtesten, wenn Ihre Gespielin mit gespreizten Beinen auf dem Rücken liegt. Wenn Sie Zeige- und/oder Mittelfinger tief einführen, die Finger nach oben einknicken und eine lockende Bewegung an der oberen Scheidenwand machen, fühlt man eine Stelle, die eine glattere Struktur hat als das übrige, rauere Gewebe. Wenn die andere Hand von außen auf die Bauchdecke dabei noch leichten Druck ausübt, wird die Intensität des Gefühles Ihrer Liebsten noch gesteigert. Setzen Sie jetzt noch einen drauf, indem Sie den K-Punkt mit dem Mittelfinger der Hand, die weiterhin leichten Druck auf den Venushügel ausübt, ganz soft streicheln. Und wenn Sie jetzt schon den Stift gezückt bzw. den PC angeschaltet haben, weil Sie den Verlag darauf aufmerksam machen wollen, dass der G-Punkt bereits auf Seite 77 f. erläutert wurde, dann lassen Sie sich gesagt sein, dass er nicht oft genug Erwähnung finden kann. Viele Frauen kennen zum Glück heute ihren K-Punkt und wissen, wie man mit ihm umgeht. Aber nach dem G-Punkt sind noch viele auf der Suche. Helfen Sie Ihrer Partnerin dabei. Achtung: Wasserscheue Zeitgenossen sollten einen Regenschirm bereithalten. Ejakulationsgefahr.

Der U-Punkt-Orgasmus

Der Ausgang der Harnröhre, etwa zwei Zentimeter unterhalb der Klitoris, kann bei Frauen genauso empfindsam sein wie der K-Punkt. Anatomisch ist das Schwellkörpergewebe rund um den Harnröhrenausgang vergleichbar mit Ihrer Eichel.

Dieser Punkt ist praktisch von allen Seiten von den unterirdischen Klitorisarmen umgeben. Es ist allerdings auch hier nur angenehm, berührt zu werden, wenn das Gewebe wirklich angeschwollen und befeuchtet ist, sonst kann es, wie bei den anderen Punkten auch, eher unangenehm sein. Der U-Punkt kann genauso behandelt werden wie der K-Punkt.

Der eigentliche Mythos: Der vaginale Orgasmus

Diese Art von Orgasmus funktioniert am ehesten, wenn Frauen einen gut trainierten Beckenboden haben und, während sie penetriert werden, die Muskeln rhythmisch anspannen. Um diese Muskeln zu trainieren, gibt es spezielle Liebeskugeln oder Gewichte. Ich finde es allerdings viel einfacher, immer zwischendurch mal (im Takt zur Musik) zu trainieren, indem man den Unterkörper so zusammenzieht, als wolle man Urin einhalten. Das macht zum Beispiel das Autofahren viel kurzweiliger. Nebenbei bemerkt, wirkt das Muskeltraining auch vorbeugend gegen Inkontinenz. Die Muskelkontraktionen im Zusammenspiel mit einer G-Punkt-Stimulation können den vaginalen Orgasmus auslösen. Dieser wird von Frauen oft intensiver empfunden als ein klitoraler. Aber machen Sie sich nichts vor, und denken Sie als fortschrittlicher Mann daran, dass die meisten Frauen eben keinen vaginalen Orgasmus bekommen. Deshalb ist es immer eine willkommene Abwechslung, wenn Sie ab und zu mal Ihren Schwanz herausziehen und mit ihm die Klit und den Bereich drumherum reiben. Nehmen Sie dafür sein Köpfchen am besten in die Hand, damit Sie besser führen können.

Der Muttermund-Orgasmus

Über diesen Orgasmus haben mir in letzter Zeit vermehrt Kundinnen berichtet, und sie waren selbst erstaunt, dass es ihn gibt. Sonst hatte ich immer nur davon gehört, dass das Stoßen an den Muttermund extrem unangenehm oder schmerzhaft ist. Mir geht es da selbst nicht anders. Nachdem sich diese Berichte häuften, habe ich medizinische Bücher gewälzt und kann bestätigen, dass es einen bestimmten Nervenpfad gibt, der einen Orgasmus auch dort auslösen kann. Um herauszufinden, ob Sie es mit einer Muttermund-Kandidatin zu tun haben, rammeln Sie bitte nicht wild drauflos, sondern versuchen Sie erst einmal, mit den Fingern herauszukriegen, ob sie drauf steht oder nicht. Am besten klappt es, wenn die Frau schon vorher einen Orgasmus hatte und die Vagina sich aufgebläht hat. Dann ist es am einfachsten, den Penis neben dem Muttermund zu plazieren. Und auch erst dann, wenn der Muttermund nicht in Mitleidenschaft gezogen wird, fühlt sich's gut an. Ihnen vermittelt es das Gefühl, als hätte Ihr Schniedel ein enges Mützchen auf; wenn das so ist, sind Sie richtig. Jetzt ist es wichtig, keine wilden Bewegungen zu machen, sondern sich ganz entspannt hochzuschaukeln. Wäre doch schade, wenn der Kleine gleich wieder rausrutscht. Ich habe gehört, dass sogar ein gemeinsames Kommen auf diese Art möglich sein soll. Das wäre doch mindestens einen Versuch wert. Ich hab's leider trotz bestem Willen so noch nicht geschafft, und Lars übt auch noch.

Der Brust-Orgasmus

Es gibt Frauen, deren Brüste und vor allem Nippel so erregbar sind, dass sie davon einen Orgasmus bekommen. Es gibt eine direkte Verbindung zwischen Brustwarzen und Klitoris. Manche mögen hartes Drehen, Ziehen oder gar Beißen, andere bevorzugen softeres Lecken und sanfte Berührungen. Damit sich die Brustwarze, wenn sie geleckt wird, nicht hin und her bewegen kann (dabei geht nämlich der Reiz verloren), gibt es folgenden Trick: Spreizen Sie Mittel- und Zeigefinger leicht, so dass der Nippel dazwischenliegt. Dehnen Sie dann das Wärzchen ein wenig weiter aus, die dadurch erzielte Spannung steigert den Genuss. Versuchen Sie das mal bei einem Mädel, das nicht auf direkte Klitorismassage steht. Und damit Sie nichts falsch machen, lassen Sie sich an Ihren Lippen oder Nippeln vormachen, wie sie's gerne mag. Stimulierung, die beim rechten Nippel gut wirkt, muss sich nicht auch für den linken gut anfühlen. Es kann auch sein, dass eine Frau im Laufe des monatlichen Zyklus auf unterschiedliche Sachen steht. Vor und während der Periode sind die Brustwarzen oft extrem empfindlich. Was ihr sonst gefällt, kann dann vielleicht unangenehm oder sogar schmerzhaft sein.

Der anale Orgasmus

Ich wollte mal von Lars wissen, warum Männer so auf Analsex abfahren. Ich dachte immer, es könnte eventuell an der Enge des Schließmuskels liegen. Für Frauen ist die Vorstellung von einem Schniedel im Allerwertesten oft nicht so toll. Lars sagt, dass er es wohl aus diesem Grund als Geschenk empfindet, wenn eine Frau analen Sex zulässt. Sie gibt sich damit noch mal ganz anders und mehr hin. Stimmt wohl, das tut sie, und deshalb sollten Sie dieses Thema mit ganz viel Fingerspitzengefühl angehen.

Wenn Sie sich beide erst einmal von der Vorstellung verabschiedet haben, dass alles, was mit dem Arsch zu tun hat, schmutzig ist, sind Sie schon mal einen großen Schritt weiter. Vergessen Sie Analduschen, die sind ebenso wie Vaginalduschen nicht förderlich für die Flora. Machen Sie's stattdessen am besten nicht direkt morgens, weil das ja bekanntlich der Zeitpunkt für größere Geschäfte ist, und horchen Sie in sich hinein. Meistens spürt man doch, wann der richtige

Zeitpunkt da ist, um Finger oder andere Dinge zum Einsatz zu bringen.
Viele Frauen haben Angst vor analem Verkehr. Wahrscheinlich haben sie irgendwann mal eine schlechte Erfahrung mit einem unsensiblen Liebhaber gemacht, der ohne Rücksicht auf Verluste seinen Dödel hineingerammt hat. Vielleicht hat auch ein wahrer Könner aus Versehen die richtige Öffnung verfehlt. Das prägt, kann ich Ihnen sagen. Also ist hier ganz besondere Vorsicht geboten. Wenn Sie langsam vorgehen und alles richtig machen, steht jedoch einem analen Orgasmus nichts im Wege.
Und vergessen Sie bitte das Gleitmittel nicht!
Tipp: Niemals anal ohne klitoral. Beides gleichzeitig kann der ultimative Kick sein.

Der Ganzkörper-Orgasmus

Allein durch Streicheln und Küssen des Körpers ist eine Frau schon in der Lage, einen Orgasmus zu kriegen. Der findet natürlich dann im Unterleib statt, aber Auslöser ist dabei nicht das Berühren irgendwelcher primärer Geschlechtsorgane.

Der Kombi-Orgasmus

Werden gleichzeitig unterschiedliche Zonen und Punkte berührt, vervielfacht sich das Gefühl, und es sind Orgasmen möglich, bei denen man gar nicht mehr sagen kann, woher sie eigentlich kommen. Das liegt daran, dass verschiedene Nervenbahnen stimuliert werden und sich dadurch das Gefühl intensiviert. Also kombinieren Sie immer lustig drauflos, und erschrecken Sie nicht über das Ergebnis.

Der regionale Orgasmus

Es kann sogar passieren, dass lediglich durch intensives Berühren oder Küssen bestimmter Körperzonen, wie zum Beispiel des Nackens, der Finger oder Füße, ein Zonenorgasmus ausgelöst wird.

Nein Danke!

Die Gesichtsmaske

Auch wenn Sperma sehr vitaminreich ist, sollten Sie von Gesichtsejakulationen absehen. Alle Frauen, mit denen ich gesprochen habe, hassen es. Auch das Schlucken von Sperma ist nicht sehr beliebt. Erstens schmeckt es wirklich nicht besonders gut, außerdem hat es so viele Kalorien, dass jede Frau stattdessen lieber zwei Kugeln Eis essen würde. Ich weiß ja, dass es Männern enorm gefällt, ihren Samen sprudeln zu sehen; gehen Sie aber nicht davon aus, dass Sie damit großen Eindruck auf Ihre Gespielin machen. Wenn es trotzdem unbedingt sein muss, versuchen Sie, auf die Brust oder den Bauch zu zielen, da könnte es eventuell mit etwas gutem Willen als willkommene Feuchtigkeitsmaske betrachtet werden.

Pornos

Mit Pornos werden Sie Frauen ganz sicher nicht imponieren können. Jeden Tag kommen Kundinnen in meinen Laden und suchen Pornofilme, die sich von den 08/15-rein-raus-Dingern unterscheiden.
Was mit Handlung soll es sein, am liebsten noch romantisch, und die Darsteller sollen was hermachen. Keine Silikontitten und keine aufgepumpten Muskelmänner, das entspricht nicht der Realität. Ich muss dann immer sagen, dass ich solche Filme auch schon seit Jahren suche und schon überlegt habe, selbst einen zu drehen. An Ideen scheitert es nicht, aber gute Darsteller zu finden, die ausgerechnet bei einem Por-

no mitspielen wollen, ist ein Ding der Unmöglichkeit. Den Frauen kommt es auf die Geschichte an, den Männern auf den schnellen Fick. Wäre es anders, würde die Pornoindustrie nicht existieren, oder? Beate Uhse und andere klassische Sexshops leben so gut, weil unzählige Pornokabinen 24 Stunden am Tag von Männern, die mal zwischendurch ein bisschen Entspannung brauchen, besucht werden. Männer, schaut die Pornos alleine! Solange der Markt keine Filme zu bieten hat, die von Frauen tatsächlich als erotisch empfunden werden, würde ich lieber die Videokamera in die Hand nehmen und selbst einen drehen. Ganz im Ernst.

»Wie war ich?«

Erstens ist das so ziemlich die beknackteste Frage, die eine Frau nach dem Vögeln hören will, und zweitens: Sind Sie ganz sicher, dass Sie eine ehrliche Antwort wirklich verkraften könnten? Wenn es Sie aber tatsächlich interessiert, fragen Sie bitte, wenn sie in Aktion sind, und dann etwas differenzierter. Es könnte sonst eventuell Ihre letzte Frage gewesen sein.

Direkt danach unter die Dusche

In einer Folge von »Sex and the City« hatte eine der Protagonistinnen das Pech, es in der Kiste mit einem Katholiken zu tun zu haben, der direkt nach dem Rausziehen seinem Waschzwang unterlag. Das war dann der Trennungsgrund. Duschen Sie also bitte vorher. Jede Frau wäre tödlich beleidigt, wenn Sie direkt nach dem Sex ins Bad rennen. Wenn Sie sich unbedingt waschen wollen, lassen Sie etwas Zeit vergehen, und laden Sie Ihre Angebetete zum gemeinsamen Duschen oder Baden ein.

Abspritzen, Rausziehen, Umdrehen, Einschlafen

Eine Frau unbefriedigt im eigenen Saft schmoren zu lassen und einfach wegzupennen ist der größte Fauxpas, den Sie sich leisten können. Ich kann ja verstehen, dass Sie sich völlig verausgabt haben, aber so etwas darf einfach nicht passieren! Trinken Sie vorher zwei Tassen Kaffee. Eine volle Blase bringt außerdem zusätzlichen Lustgewinn.
Wenn Sie dieses Buch verinnerlicht haben, wird Ihre Gespielin nach dem vollendeten Liebesspiel glücklich und zufrieden einschlummern, und dann können auch Sie die Augen schließen.

Lustige Spiele

Es gibt mittlerweile richtige Gesellschaftsspiele, die durch gezielte Aufgabenstellungen Szenen oder Situationen vorgeben, die dann zu zweit nachgespielt werden können. Wenn Ihnen also die Phantasie oder die Ideen fehlen, sollten Sie es mal mit so etwas versuchen.
Besonders empfehlenswert und nett gemacht sind die Spiele »Kamasutra« und »Phantasm«.

Alles unter Kontrolle

Ich kann und will hier keine Anleitung für guten Sadomaso-Sex geben. Wenn Sie allerdings selbst darauf stehen oder einmal eine dominante bzw. devote Frau treffen, setzen Sie sich unbedingt mit dem Thema auseinander. Ich habe in meinem Kundenkreis etliche Beziehungen, die früher oder später gescheitert sind, weil einer der beiden nicht mit der sexuellen Orientierung des anderen klarkam. Da hilft auch kein Versuch. Entweder man steht drauf oder nicht, so viel kann ich Ihnen versprechen. Wenn Sie da keinen gemeinsamen Nenner finden, sollten Sie es am besten gleich lassen. Das gilt natürlich nur für die, bei denen eine solche Neigung extrem ausgeprägt ist.
Wenn es hingegen einfach nur um das alte Spiel von Macht und Unterwerfung geht, ist das was anderes. Das war bestimmt schon vor Marquis de Sade modern und findet heute noch täglich mehr oder weniger abgeschwächt statt. Vermutlich merkt man schon beim ersten Kontakt instinktiv, ob man es mit einer passiven Person oder eher einer »Domina« zu tun hat.

Es gibt allerdings auch die Sorte Businessfrau, die sich täglich im Job extrem durchsetzen muss und alles andere als devot rüberkommt, sich aber nach nichts mehr sehnt, als in ihrer Freizeit die Ärmchen nach hinten zu werfen und nichts mehr entscheiden zu müssen. Vielleicht ist es auch einfach Ihre Phantasie, kleine Sadomaso-Spielchen auszuprobieren. Wie dem auch sei, gehen Sie dieses Thema vorsichtig an, nicht gleich in der ersten Nacht, denn ohne Vertrauen funktioniert auch hier gar nichts. Kaufen Sie nicht gleich Lederhandfesseln oder Profiseile, sondern Seidentücher, verbinden Sie Ihr damit Augen und Hände. Klären Sie besser im Vorfeld ab, ob sie wissen will, was Sie mit ihr vorhaben, oder ob ihre Spannung steigt, wenn sie nicht weiß, was als Nächstes mit ihr passieren wird.
Wenn Sie es möchte, verbieten Sie Ihrer Gespielin jede Regung und jeden Ton beim Sex. Sich zurückhalten zu müssen macht oft alles noch viel spannender, denn was man nicht darf, will man unbedingt tun. Das macht bestimmt auch den Reiz von Sex im Kino, im Fahrstuhl oder in Umkleidekabinen aus.

Das Kennenlernspiel

Es gibt nichts Aufregenderes als das Gefühl, wenn man sich gerade frisch kennen gelernt hat. Auch wenn Sie schon länger zusammen sind, versuchen Sie hin und wieder, sich dieses Gefühl zurückzuholen, es wirkt tatsächlich Wunder. Spielen Sie einfach eine Szene nach, die Sie bei Ihrem Kennenlernen besonders beeindruckt hat.
Oder denken Sie sich aus, wie Sie sich ein Kennenlernen vorstellen können. Solche Phantasiespiele machen echt Spaß und helfen dabei, in langweilig gewordene Kisten frischen Wind zu bringen.

Wer zuerst kommt, hat gewonnen

Machen Sie's sich jeder selbst voreinander oder gegenseitig. Wer als Erster einen Orgasmus hat, gewinnt einen Preis. Ganz lustig, wenn Sie ganz sicher sein können, dass Ihr Gegenüber Ihnen nichts vorspielt ...

Blinde Kuh

Beide sind nackt, haben die Augen mit Tüchern fest verbunden und müssen sich blind orientieren. Bei diesem Spiel hab ich mich vor Lachen schon weggeschmissen, weil ich aus Versehen aus dem Bett gefallen bin und das auf dem Boden stehende Wasserglas mit umgerissen habe. Es kann aber auch ganz anders verlaufen ...

Callboy

Lassen Sie sich von Ihrer Partnerin für Geld mieten. Sie müssen dann genau das tun, was Ihre Kundin von Ihnen verlangt. Der Preis für verschiedene Liebesdienste kann frei ausgehandelt werden. Praktisch ist, dass Sie auf diese Weise herausbekommen, worauf sie so alles steht, aber sich unter anderen Umständen nicht zu äußern wagt. Wenn Sie das Spiel danach gleich noch mal mit vertauschten Rollen spielen, wird niemand arm dabei.

Kleine Taschenlampe brenne

Wenn Sie eine leicht verklemmte Bettgenossin haben, die es nicht gern hat, genauer betrachtet zu werden, löschen Sie das Licht, und nehmen Sie eine Taschenlampe, die nur kleine Punkte beleuchtet. So nehmen Sie ihr spielerisch nach und nach die Hemmungen.

Anfassen verboten

Besonders aufregend kann es sein, wenn man sich in größerer Distanz gegenüber setzt und sich kleine Geilheiten erzählt. So kann den ganzen Abend über langsam die Spannung gesteigert werden, bis man es nicht mehr aushält und endlich beschließt, sich näher zu kommen.

Für Fortgeschrittene: Tantra-Sex

Viele kommen in meinen Laden und suchen Bücher über tantrischen Sex, weshalb ich unbedingt auch auf dieses Thema eingehen will. Klar ist, dass es im Tantra keine Quickies gibt und dass dabei nicht die sexuelle Befriedigung im Mittelpunkt steht. Es geht hier vielmehr um ekstatische Erfahrungen, und um die zu erreichen, muss man sich schon ein bisschen mehr Zeit nehmen. Interessant an den tantrischen Sextechniken finde ich, dass der Mann lernt, kontrolliert zu kommen, was logischerweise für Frauen angenehmer ist. Außerdem kann eine Erektion eine Stunde und länger dauern. Ich finde, dafür lohnt es sich durchaus, mal in einen der Tantra-Ratgeber reinzulesen. Empfehlenswerte Titel finden Sie im Anhang.

Kleine Helfer – große Wirkung

Die Qual der Wahl

Es soll tatsächlich Männer geben, die Vibratoren als Konkurrenz empfinden. Ich finde das wirklich verwunderlich, denn welcher Mann kann schon so vibrieren wie ein guter Massagestab? Ich habe noch keinen erlebt. Vibratoren und Dildos haben den Vorteil, dass sie einem das Leben wirklich erleichtern können. Ein Orgasmus, mit Hand oder Mund gemacht, dauert in der Regel viel länger als ein gut gerüttelter Höhepunkt. Und es törnt eine Frau an, wenn Sie mit diesen Dingen umzugehen wissen.
Es gibt jede Menge unterschiedlicher kleiner Helfer, da fällt die richtige Wahl schwer, vor allem, wenn man sich das passende Spielzeug über Katalog oder Internet oder gar in einem herkömmlichen Sexshop sucht. Es gibt große Unterschiede, das fängt schon bei der Lautstärke von Vibratoren an. Lars hatte mal einen, der etwa so laut war wie ein Rasenmäher. Daraufhin mochte seine Freundin jahrelang keine Vibratoren mehr sehen. Es gibt zwar auch leisere, allerdings lässt dann oft die Vibration sehr zu wünschen übrig. Wenn Sie die Möglichkeit haben, gehen Sie in einen speziellen Frauensexshop, oder lassen Sie sich auf jeden Fall die Teile vorführen, um nicht zu Hause unliebsame Überraschungen zu erleben.
Ganz wichtig ist auch die Wahl des richtigen Materials. Es gibt eine Menge von Giftstoffen, die vor allem in den auf den ersten Blick hautfreundlichen Materialien stecken. Ich spreche da von Weichmachern, die extrem unangenehm riechen und schon seit Jahrzehnten als Inhaltsstoffe in Kinderspielzeug verboten

sind. Wenn Sie einen weichen Dildo möchten, kaufen Sie in jedem Fall einen aus Silikon (nicht zu verwechseln mit dem stinkigen Siliconrubber!), alles andere ist nicht empfehlenswert. Auf den Verpackungen sind die Materialien meist aufgeführt. Bei den härteren Spielzeugen ist das Material nicht so wichtig, meistens sind diese aus Hartplastik, Acryl oder Metall (bitte nickelfrei). Es gibt sogar Dildos und Vibratoren aus Kristall oder Halbedelsteinen und aus Holz. Achten Sie allerdings bei den harten Teilen auf störende Gussnähte. Und vergleichen Sie unbedingt die Preise, es lohnt sich.

Vibrator oder Dildo?

Was ist eigentlich der Unterschied? Ganz einfach: Der Vibrator vibriert, der Dildo nicht. Der Vibrator hat einen am besten mit mindestens zwei kleinen Batterien angetriebenen Motor, und die Intensität der Vibration lässt sich stufenlos verstellen. Es gibt weiche und harte Vibratoren, die weichen fühlen sich für die meisten Frauen besser an, außerdem sind die harten lauter. Es gibt jede Menge unterschiedlicher Formen, vom Delfin über Frauenfiguren, Pinguine, glatte Teile oder welche mit Noppen, Sternzeichenvibratoren oder Dildos mit Foto des Lovers drin. Bei Eröffnung meines Ladens 1995 gab es nur realistische Schwanzimitate. Die Farbpalette reicht mittlerweile von gold und silber über blau und türkis bis durchsichtig – alle von Herstellern in Deutschland. Um eine gute Auswahl zu haben, musste ich damals noch in den USA bestellen. Heutzutage ist es nicht mehr so schwierig, ein nettes Sextoy in guter Qualität und für jeden Geschmack zu finden.

Bei der Wahl des richtigen Vibrators oder Dildos sollte man sich vorher auf jeden Fall den einen oder anderen Gedanken über die richtige Größe gemacht haben. Dabei sollte nicht immer unbedingt die Pimmelgröße des Partners als Nonplusultra betrachtet werden. Auf einem der Werbeplakate meines Geschäfts im 50er-Jahre-Reklamestil hält eine Dame einen großen Dildo in der Hand, und der Text dazu lautet: »Sagt mein Mann auch, klein ist fein, darf es ruhig mal größer sein.« Also, meine Herren, ich wünsch mir von Ihnen ein wenig mehr Selbstbewusstsein.

Vibratoren

Die meisten Frauen haben die Hoffnung auf guten Sex früh begraben und im besten Fall einen gut funktionierenden Vibrator im Nachttisch. Nicht die schlechteste Lösung, aber auf Dauer ein wenig einsam. Außer, man benutzt ihn zu zweit. Meinen ersten Massagestab bekam ich zum 16. Geburtstag von zwei schwulen Freunden. Wahrscheinlich bin ich damals von meinem Vibrator entjungfert worden, und mir blieb dieser Stress beim ersten Mal erspart. Seitdem habe ich ein echtes Faible für diese kleinen Freunde entwickelt. Zum einen sind sie sehr zeitsparend, wenn man sich's schnell mal zwischendurch selbst besorgen will. Zum anderen macht es Spaß, zu zweit damit zu spielen. Die Möglichkeit, dann einen Orgasmus zu haben, ist größer, weil die Klitoris bis in die tiefsten Tiefen durchgerüttelt wird und irgendwann gar nicht mehr anders kann, als zu kommen. Dass es in Konsequenz der hohen Trefferquote irgendwann nur noch gut geschüttelt klappt, kann ich nicht bestätigen. Lars übrigens auch nicht ...

G-Punkt-Stimulatoren

Um speziell den G-Punkt zu kitzeln, eignen sich alle Vibratoren und Dildos, die im oberen Drittel gebogen sind. Meistens wird das auf den Verpackungen der Produkte extra beschrieben. Natürlich sind diese Vibratoren nicht nur für den G-Punkt gemacht, die Klitoris freut sich in jedem Fall auch.

Der Eroscillator

Dieses Massagegerät wird mit Strom aus der Steckdose betrieben, was den Vorteil hat, dass es nicht im falschen Moment den Geist aufgibt. Die Stromzufuhr erfolgt über ein sehr langes Kabel, und der Strom wird noch im Stecker in Leichtstrom umgewandelt, also keine Angst vor Stromschlägen. Das Außergewöhnliche an diesem Gerät ist die Art der Vibration. Wie der Name schon sagt, bewegt sich dieser Vibrator, der zwei verschiedene Aufsätze mit unterschiedlichen Funktionen hat, oszillierend, ähnlich einer Braun-Zahnbürste. Diese unglaublich intensiven und schnellen Bewegungen erlauben es auch den Frauen zu kommen, die sonst nie einen Orgasmus haben. Viele meiner Kundinnen schwören auf den Eroscillator und empfehlen ihn gerne ihren Freundinnen.

Madonnen

Diese Vibratoren haben einen rotierenden Dildo für die Vagina und einen vibrierenden Aufsatz für die Klitoris. Die Vorstellung der gleichzeitigen Stimulation reizt viele Frauen. Es gibt jedoch nur zwei deutsche Hersteller, die Madonnen aus Silikon herstellen, achten Sie beim Erwerb eines solchen Spielzeuges unbedingt auf das richtige Material.

Analdildos

Es gibt eine Fülle von speziell für den Hintern konstruierten Sexspielzeugen. Das Angebot reicht von kleinen aneinander gereihten Kugeln über Buttplugs, Dildos und Vibratoren. Ungeübten rate ich, erst mal klein anzufangen und sich dann lieber langsam größenmäßig zu steigern. Zu beachten ist unbedingt, dass die kleinen Spaßmacher am Ende einen breiteren Sockel haben, der verhindert, dass sie einem in die Tiefen des Dickdarms verschütt gehen. Wenn so was doch mal passieren sollte, immer cool bleiben, die kommen von selbst auch wieder raus. Ich hab schon die krassesten Horrorstorys von Notärzten gehört. Was die schon alles aus den peinlich berührten Allerwertesten ihrer Patienten gefischt haben, ohne Worte. Glasflaschen und Glühbirnen sind nur zwei Beispiele. Um Ihnen einen Besuch beim Doktor zu ersparen, rate ich Ihnen, am besten auch hier Produkte aus weichem Silikon oder Latex zu nehmen. Besonders gut fühlen sich gewellte Formen an. Probieren Sie auch mal einen Buttplug aus, der bleibt einfach im Hintern stecken. Erst mal eingeführt, muss man sich nicht mehr um ihn kümmern, er ist einfach da. Und Sie haben eine Hand mehr frei, um andere wichtige Dinge zu erledigen. Manche stehen auch drauf, die Stöpsel den ganzen Tag oder permanent beim Sex zu tragen. Egal, für welches Teil Sie sich hier entscheiden, schützen Sie in jedem Fall Ihr Spielzeug immer mit Kondomen, und sparen Sie auch hier nicht mit Gleitgel, dann geht alles wie von selbst.

Liebeskugeln

Das gefragteste Produkt in meinem Laden sind diese zwei aneinander hängenden Bällchen, in deren Innerem zwei schwerere Kugeln eine Unwucht erzeugen. Durch Bewegung vibrieren diese zwei Kugeln, die in der Muschi den ganzen Tag lang spazieren getragen werden können. Gynäkologen empfehlen diese Kugeln bei Inkontinenz zum Training der Beckenbodenmuskeln oder nach Geburten zur Rückbildung der Vagina. Dafür sind sie wahrscheinlich auch gut geeignet. Fragwürdig ist für mich der stimulierende Effekt, vor allem bei Frauen, die in ihrer Muschi nicht so viel Gefühl haben. Ich hab aber auch schon Kundinnen gehabt, die die Dinger beim Vögeln einfach dringelassen haben und es lustig fanden. Ich frag mich nur, wo der Pimmel dann noch hin soll. Aber ausprobieren schadet nicht.

Penisringe

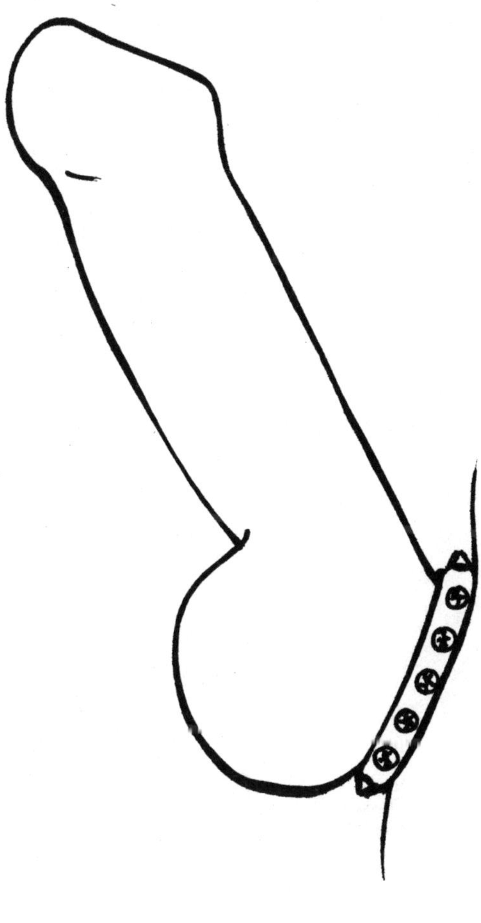

Egal, ob aus weichem Silikon, hartem Gummi oder gar Metall, dienen diese Ringe der Erektionsverlängerung. Wenn Sie also immer zu früh kommen, probieren Sie mal so ein Teil aus. Das funktioniert so: Auf den Ring und den Schwanz ein wenig Gleitmittel auftragen, damit die Haare nicht ziepen. Dann wird der Ring auf den schon voll erigierten Penis geschoben. Positionieren Sie ihn am unteren Ende des Schaftes, dafür müssen die Eier durch den Ring gewurschtelt werden. Erst wenn er ganz fest am Körper sitzt und den Schwanz so richtig stützt, sitzt er richtig. Passen Sie aber bitte bei der Wahl des Materials auf. Meine erste Erfahrung habe ich mit einem Ring aus Metall gemacht, der so eng saß, dass der Schwanz meines damaligen Lovers aufs Doppelte angeschwollen ist, eine purpurne Farbe annahm und schier zu platzen drohte. Logisch, denn Penisringe sorgen dafür, dass das Blut nicht wieder abfließen kann. Das führt zu einer festeren und längeren Erektion, und Mann kann länger. Wir kamen damals in unserer jugendlichen Unkenntnis nicht auf die Idee, den Schniedel unter kaltes Wasser zu halten, um ihn schnell wieder schrumpfen zu lassen. Was für ein Stress, bis der Ring wieder unten war. Seitdem schwöre ich auf elastische Materialien. Ringe aus weichen Materialien lassen sich einfacher an- und ablegen. Wenn das Teil Ihnen unangenehm ist, überprüfen Sie den Sitz, oder ziehen Sie es wieder aus. Am Anfang sollten Sie es nicht länger als eine halbe Stunde am Stück (☺) tragen.

Nachwort

Wenn Sie mit dem Lesen bis hierher gekommen sind, gehe ich mal davon aus, dass Sie sich nicht gelangweilt haben. Noch wichtiger ist mir allerdings, dass Sie das, was Sie gelesen haben, auch tatsächlich in Ihrem weiteren Leben mit Ihren Geliebten umsetzen und immer mal wieder in dieses Buch reinschauen. Auch würde ich mich darüber freuen, wenn Sie das Buch Ihrem Nachbarn, Ihrem Kollegen oder einem Freund zum nächsten Geburtstag oder zu Weihnachten schenken. Warum? Nicht nur, weil ich damit Geld verdiene, sondern weil eine meiner Freundinnen, der ich das Manuskript zu lesen gab, fand, dass das Buch staatlich subventioniert an alle Haushalte verteilt werden sollte, ähnlich wie das Telefonbuch oder der Ikea-Katalog. Alle Frauen, mit denen ich gesprochen habe, sind der Meinung, dass Männer eine natürliche Abneigung gegen solche Bücher haben, weil sie glauben, schon alles zu wissen. Aber alle Männer, mit denen ich gesprochen habe, versicherten mir glaubhaft ihr großes Interesse an meinen literarischen Ergüssen. Sie sollten jetzt jedenfalls gerüstet sein, jede Frau problemlos und in jeder Beziehung davon zu überzeugen, dass Männer im Umgang mit dem anderen Geschlecht gar nicht so rücksichtslos, egoistisch und schwer von Begriff sind, wie immer behauptet wird. Beweisen Sie sich abschließend noch einmal selbst, wie enorm lernfähig und offen für alles Neue Sie sind, indem Sie jetzt den Test, den Sie am Anfang schon einmal gemacht haben, noch einmal ausfüllen. Nicht, dass ich nicht an Sie glaube, aber: Vertrauen ist gut – Kontrolle ist besser.

Wenn Sie Lust haben, können Sie den Test auch auf meiner Homepage www.inside-her.de ausfüllen und per E-Mail direkt absenden. Als Belohnung verlose ich jeden Monat unter den Mutigen sechs Mansoaps. Wenn Sie sich nicht vorstellen können, was das ist, gucken Sie mal auf meiner Seite nach. Dort finden Sie auch ein Forum für Ihre Meinungen, Ergänzungen oder eventuelle Kritik zu diesem Werk. Gerne beantworte ich auch Ihre Fragen rund um mein Lieblingsthema.

Bis dahin wünsche ich Ihnen – und vor allem der Frau an Ihrer Seite – viel Spaß.

Ihre Sandra Maravolo

Und noch mal: Sind Sie ein guter Liebhaber?

Frage 1

Wann entscheidet eine Frau, ob sie sich grundsätzlich Sex mit einem Mann vorstellen kann?

a) Schon in den ersten dreißig Sekunden einer Begegnung.

b) Nachdem ich sie mit meinem neuen Auto abgeholt und dann in ein richtig teures Restaurant eingeladen habe.

c) Wenn ich mir ganz viel Mühe gebe, mit Blumen und Theatereinladungen und so, vielleicht nach drei Monaten.

d) Nachdem ich ihr einen Aidstest vorgelegt habe.

Frage 2

Wie bereiten Sie sich auf das erste Date mit einer neuen Flamme vor?

a) Ich stell schon mal das Bier kalt und ein paar Salzstangen bereit.

b) Nachdem wir zum Aufwärmen in der Sauna waren, lad ich sie zu mir auf einen Schampus ein. Der steht schon im Kühler neben dem Wasserbett.

c) Ich geh mit ihr ins Kino (in eine Liebesschnulze), man muss sich ja erst mal langsam kennen lernen.

d) Ich lade sie zu mir nach Hause ein, koch was Nettes, leg softe Musik ein, zünde ein paar Kerzen an und nehme zur Entspannung kurz vorher eine heiße Dusche.

Frage 3

Ihnen fällt auf, dass Sie es mit einer eher zurückhaltenden Dame zu tun haben. Sie möchten sie natürlich gern aus der Reserve locken. Was tun Sie?

a) Spätestens nach zwei Flaschen Champagner hat sich dieses Problem von allein gelöst.
b) Ich warte einfach mal ab, das wird sich schon legen. Ich falle nicht gern mit der Tür ins Haus.
c) Ich frage sie, ob sie nicht lieber nach Hause gehen möchte. Vielleicht fühlt sie sich ja beim nächsten Treffen besser.
d) Ich lege eine kuschelige CD ein und frag sie, ob sie nicht Lust hat, ein bisschen mit mir zu tanzen.

Frage 4

Welche Utensilien sollten in keinem Schlafzimmer fehlen?

a) Ein Schlafanzug, eine Wärmflasche und kuschelige Bettwäsche.
b) Fernseher, Videogerät und schöne Pornofilme zum Antörnen.
c) Gleitgel, Massageöl und eine Flasche Wasser.
d) Dunkle Vorhänge, wegen der Nachbarn, und viele Kondome.

Frage 5

Was macht einen richtig guten Kuss aus?

a) Während man die Zunge sofort möglichst tief in den Mund schiebt, sollte sich gleichzeitig eine Hand um die Brüste kümmern.

b) Am Anfang nur mit geschlossenem Mund küssen, später dann ein bisschen mit der Zungenspitze an den Zähnen spielen.
c) Den Mund leicht öffnen und ganz leicht auf ihren Mund legen. Alles sollte ganz feucht sein. Eben so, wie die's im Film machen.
d) Weiche Küsse erst auf das Gesicht geben, dann leicht an den Lippen saugen, bevor die Zunge langsam, aber intensiv zum Einsatz kommt.

Frage 6

Was halten Sie von der Aussage: »Richtiger Sex fängt erst beim Vögeln an«?

a) Normalerweise hört richtiger Sex mit dem Vögeln auf.
b) Ich versteh immer nicht, was das mit Vögeln zu tun haben soll.
c) Ja, womit denn sonst? Ich hab ja nichts gegen ein Vorspiel, aber man sollte es nicht übertreiben.
d) Stimmt! Und wenn man sich gut kennt, dann klappt das auch.

Frage 7

Haben Sie schon mal beim Sex ein Gleitmittel verwendet?

a) Nein, ich mag nun mal keine Flecken auf dem Laken.
b) Seit wann braucht man Gleitgel? Ich muss nur meine Hose aufmachen, und die Frauen zerfließen ganz von allein.
c) Davon hab ich schon mal gehört. Das brauchen doch nur ältere Frauen nach ihren Wechseljahren.

d) Logisch, wenn ich nur die Flasche sehe, werde ich ganz scharf. Da fühlt sich alles einfach noch besser an, und ich halte auch länger durch.

Frage 8

Wie reagieren Sie, wenn eine Frau direkt nach dem Orgasmus anfängt zu weinen?

a) Ich freu mir heimlich ein Loch in den Bauch und nehme sie ganz lieb in den Arm.
b) Ich schick sie nach Hause. Auf Heulsusen kann ich nun mal nicht.
c) Ich rufe sofort meine Mutter an und frage sie, woran das liegen kann.
d) Ich lasse sie besser mal in Ruhe und schlafe auf dem Sofa. Bis zum nächsten Morgen wird sie sich hoffentlich wieder beruhigt haben.

Frage 9

Welcher Körperteil ist bei den meisten Frauen für einen Orgasmus verantwortlich?

a) Das weiß ja jedes Kind: Bei Frauen findet doch alles im Kopf statt.
b) Ich bin nicht ganz sicher. Ist es der Muttermund oder die Scheidenöffnung?
c) Natürlich mein Schwanz, was denn sonst?
d) Egal, was ich sonst noch mache, ich kümmere mich dabei immer auch um die Klitoris.

Frage 10

Wo, glauben Sie, befindet sich der U-Punkt bei einer Frau?

a) Ich glaube, direkt unterhalb der Gebärmutter.
b) So einen Punkt gibt es gar nicht, das wüsste ich nämlich.
c) Ist das nicht der Harnröhrenausgang?
d) U steht bestimmt für »Untenrum«. Gemeint ist der gesamte Genitalbereich.

Frage 11

Auch Frauen können ejakulieren. Glauben Sie das?

a) Das wäre ja noch schöner, was wollen die denn sonst noch alles können?
b) Nein, das glaube ich nicht. Aber manchmal versagen die Muskeln, und dann wird ein bisschen Urin verspritzt.
c) Davon habe ich noch nie gehört. Klingt aber spannend.
d) Passiert das nicht manchmal, wenn man den G-Punkt stimuliert?

Frage 12

»Ach, leck mich doch ...« Wie reagieren Sie auf eine solche Aussage einer Frau in Ihrem Bett?

a) Ich tue so, als hätte ich diese Beleidigung nicht gehört.
b) Ich lass mich zu nichts zwingen und: Zuerst bin ich dran!

c) Eigentlich muss mich dazu niemand auffordern, das mach ich schon aus freien Stücken.
d) Da bin ich total dagegen. Was man sich dabei alles holen kann, nicht auszudenken ... Und dann auch noch der Geschmack ...

Frage 13

Warum ist analer Sex bei vielen Frauen nicht sehr beliebt?

a) Wahrscheinlich haben die schon mal schlechte Erfahrungen mit einem unsensiblen Lover gemacht.
b) Das kann nur an meinem großen Pimmel liegen. Aber da müssen die durch. Mit Geduld und Spucke klappt das schon.
c) Ich kann das gut verstehen. Ist ja auch eine ziemlich schmutzige Angelegenheit. Ich hätte da auch keine Lust drauf.
d) Warum anal, wenn's doch vaginal gut funktioniert?

Frage 14

Was ist der Unterschied zwischen einem Vibrator und einem Dildo?

a) Das interessiert mich nicht, wozu hat mir der liebe Herrgott denn meinen tollen Schwanz gegeben? Das wäre eine völlig überflüssige Geldausgabe.
b) Da gibt es keinen Unterschied.
c) Ein Vibrator hat einen Motor und vibriert, ein Dildo nicht.
d) Ein Dildo sieht aus wie ein Penis, ein Vibrator hat eine neutrale Form. Oder?

Testauswertung

Machen Sie hier jeweils ein Kreuzchen bei der von Ihnen zu jeder Frage gewählten Antwort. Von welchen Symbolen haben Sie die *meisten*? Daraus ergibt sich der auf Sie zutreffende Typ.

	Antwort A	Antwort B	Antwort C	Antwort D
Frage 1	☺	💣	◇	❄
Frage 2	◇	💣	❄	☺
Frage 3	💣	❄	◇	☺
Frage 4	◇	💣	☺	❄
Frage 5	💣	❄	◇	☺
Frage 6	☺	◇	💣	❄
Frage 7	❄	💣	◇	☺
Frage 8	☺	💣	❄	◇
Frage 9	◇	❄	💣	☺
Frage 10	❄	💣	☺	◇
Frage 11	💣	❄	◇	☺
Frage 12	◇	💣	☺	❄
Frage 13	☺	💣	❄	◇
Frage 14	💣	◇	☺	❄

◇ **Typ 1: Der Unbedarfte**

Sie haben sich bisher ganz offensichtlich noch nicht sehr intensiv mit der Spezies Frau und ihrer Sexualität beschäftigt. Aber Interesse haben sie schon, sonst würden Sie dieses Buch ja nicht lesen. Legen Sie es jetzt auf keinen Fall mehr aus der Hand, inhalieren Sie jedes Wort. Danach wird es Ihnen bestimmt viel besser gehen, und Sie können langsam anfangen, die ersten positiven Erfahrungen im Umgang mit dem anderen

Geschlecht zu sammeln. Nur Mut, spät ist besser als nie!

❄ Typ 2: Der Vorsichtige

Wovor haben Sie eigentlich solche Angst? Es wird Sie schon niemand beißen. Versuchen Sie einfach, ein bisschen forscher an die Sache heranzugehen, sonst wird das nämlich nichts. Okay, Sie haben Sex, aber nicht im Ansatz den Sex, den Sie haben könnten. Schmeißen Sie Ihre Ängste und Befürchtungen über Bord. Probieren Sie ab und zu mal was Neues aus, oder wollen Sie ewig ein Mauerblümchen bleiben, das nur auf sauberen Vanillesex steht? Wohl nicht, immerhin verbringen Sie Ihre freie Zeit mit der Lektüre dieses Buches, und das ist schon der erste Schritt in die richtige Richtung. Weiter so!

Typ 3: Der Überflieger

Ich kann mir eigentlich nicht wirklich vorstellen, dass auch nur ein einziger Leser dieses Buches zur Kategorie der Überflieger gehören wird. Sollte das allerdings doch auf Sie zutreffen, muss ich mich tatsächlich darüber wundern, dass es heutzutage immer noch Frauen gibt, bei denen Männer wie Sie auch nur einen Stich machen. Was ich Männern Ihrer Kategorie wünsche? Ein Jahr Besserungsanstalt mit paralleler Psychotherapie, fünf Jahre Frauenverbot und zwei Jahre davon auf Bewährung (und das auch nur, weil ich trotzdem an das Gute im Menschen glaube). Ja gibt's denn so was? Schämen Sie sich! Gehen Sie nicht eher aus dem Haus, bevor Sie jeden Satz dieses Buches auswendig aufsagen können.

☺ Typ 4: Der Aufgeklärte

Mich würde wirklich mal interessieren, woher Sie das alles wissen. Hatten Sie eine gute Lehrerin, oder haben Sie einfach jeden Sexratgeber, den es auf dem Markt gibt, intravenös konsumiert? Ich bin sehr beeindruckt. Und wahrscheinlich nicht nur ich, sondern jede Frau, die das Glück hat, Ihnen zufällig in die Arme zu laufen. Ich glaube nicht, dass Sie es unbedingt nötig haben, mein Buch zu lesen, eher habe ich den Eindruck, dass ich noch was von Ihnen lernen kann. Bitte tun Sie mir den Gefallen, und schreiben Sie mir eine E-Mail mit Ihren persönlichen Tipps und Tricks für mein nächstes Buch. Dafür wäre (nicht nur) ich Ihnen aus ganzem Herzen dankbar.

Danke

Wo fang ich an, wo hör ich auf? Zuerst einmal danke ich den Hundertschaften namenloser Kundinnen, die mir jeden Tag aufs Neue sehr persönliche und intime Einblicke in ihr Liebesleben geben.
Meiner Freundin Betti danke ich für ihre intelligenten Einfälle, ihre Geduld und die guten Nerven, derer es bedarf, um monatelang jeden Abend ausschließlich über Sex zu philosophieren. Ab heute wird nicht mehr geredet, sondern gemacht, juchu!
Sehr gefreut habe ich mich auch über die Unterstützung meiner guten Freundinnen, die mir im Stadium der Entstehung des Buches immer wieder neue Impulse gegeben haben: Claudia, die kreativste, Nico, die einfallsreichste, Martina, Connie und Christine, mit denen ich manch Caipirinha-geschwängerte Sommernacht mit Sextalks verbrachte, sind besonders zu erwähnen. Meine Mitbewohnerin Sil musste oftmals herhalten, um mich in schweren Stunden wieder aufzuheitern – ich bin froh, dass du immer für mich da warst! Danke an Manu und Bea für die Einblicke in ihre Seelen. Meiner sprachfetischistischen Freundin Stephie danke ich dafür, dass sie bis auf die Anmerkung, dass »Katholiken« mit »h« geschrieben wird, sonst nichts auszusetzen hatte. Katinka hat mir oft erfolgreich aus dem fernen Provincetown die Gedanken entwirrt. Meiner lieben Freundin Beate: Schön, dass es dich gibt. Danke auch an Steffi, die nie an mir zweifelte, und Dani, die nicht allein durch die Illustrationen dieses Buch bereichert hat.
Nicht zu vergessen die männlichen Beteiligten! Ohne sie wäre die Idee, dieses Buch zu schreiben, wohl nicht entstanden. Also, meinen speziellen Dank an Lars, den

ultimativen Frauenkenner, Chima, meinen Nachbarn und Seelenverwandten (dir wünsche ich weiterhin ganz viel Glück mit Melania, einer der bezauberndsten und weisesten Frauen, die ich kenne), Kai und alle Männer, die sich immer wieder trauen, meinen Laden zu betreten und offen mit mir zu reden. Vergesst nicht, auch so mit euren Frauen zu sprechen! Ein weiterer wichtiger Mann in meinem Leben ist Tobi, mein Dildomacher, der mit seinen Kreationen so mancher Frau Höhepunkte verschafft, von denen sie bis dahin nur geträumt hat.
Besonders anregend und sehr hilfreich waren die zahlreichen Zwischenmeetings mit Kathrin Fischer, die mich als freie Redakteurin begleitet und immer wieder auf den richtigen Weg gebracht hat. Danke auch an Judith Schneider, die diesem Werk den letzten Schliff gegeben hat.
Und besonders freue ich mich jeden Tag über meine Eltern, die stolz auf mich sind und mich so gut sie können bei der Verwirklichung meiner Ideen unterstützen. Ohne euch wäre mein Leben auf jeden Fall langweiliger verlaufen. Ich liebe euch. Beide.

Sexshops speziell für Frauen (meistens sind auch die Herren willkommen, bitte vorher abklären)

Berlin:

- Sexklusivitäten, Laura Méritt, Fürbringer Str. 2, 10961 Berlin, Tel. 030-693 66 66
- Weibration, Christiane Grunow, Adalbertstr. 82, 10997 Berlin, Tel. 030-61 60 94 98

Bremen:

- For Ladies – Erotik für Frauen, Ostertorwall 67-68, 28197 Bremen, Tel. 0421-32 30 34

Esslingen:

- Belladonna, Aurelia Sonnenburg, Milch 6, 73728 Esslingen, Tel. 0711-35 37 28

Frankfurt:

- InsideHer – Erotisches für Frauen, Vilbeler Str. 34, 60313 Frankfurt/Main, Tel. 069/29 51 00

Göttingen:

- Good Vibration, Heike Heln und Sonja Wagner, Mauer 28, 37073 Göttingen, Tel. 0551-531 75 11

Hannover:

- Frauenerotikladen Obsession, Hildesheimer Str. 29, 30169 Hannover

Köln:

- Ladies Toys, Regine Thoeren, Geyergasse. 6, 50667 Köln, Tel. 0221-257 10 01
- Secrets, Marienplatz 1, 50676 Köln, Tel. 0221-24 41 00

München:

- Ladies First, Evelyn Hilse, Kurfürstenstr. 23, 80801 München, Tel. 089-271 88 06

Schweiz

Bern:

- Planet Love, Katrin Dällenbach, Gerbengasse 36, CH-3011 Bern, Tel. 0041-031-311 40 11

Zürich:

- Arts of Love, Brunnengasse 14, CH-8001 Zürich, Tel. 0041-01-262 62 81
- Clit Care, V. Kelle und M. Rein, Klingenstr. 36, CH-8004 Zürich, Tel. 0041-01-273 33 10

Buchempfehlungen

- Anand, Margot: Magie des Tantra. Scydancing: Die hohe Schule der Erotik, München: Goldmann 2003
- Barbach, Lonnie: For Yourself. Die Erfüllung weiblicher Sexualität. Berlin: Ullstein Taschenbuch Verlag 1999
- Barbach, Lonnie: Welche Farbe hat die Lust? Frauen erzählen ihre erotische Phantasien. Berlin: Ullstein Taschenbuch Verlag 1987
- Baumanns, Christine: Massagen für Liebende. Mit den Händen Geborgenheit und Lust schenken. München: Goldmann 2003
- Chia, Mantak/Chia, Maneewan. Tao Yoga der heilenden Liebe. Der geheime Weg zur weiblichen Liebesenergie. München: Ansata 2000
- Comfort, Alex: More Joy of Sex. Noch mehr Freude am Sex. München: Ullstein 2001
- Dodson, Betty: Sex for one. Die Lust am eigenen Körper. München: Goldmann 1999
- Ensler, Eve: Die Vagina-Monologe. Hamburg: Edition Nautilus 2000
- Föderation der Feministischen Frauen-Gesundheits-Zentren (USA), Frauenkörper – neu gesehen. Ein illustriertes Handbuch. München: Orlanda Frauenverlag 1997

- Hite, Shere: Der Hite-Report. Das sexuelle Erleben der Frau. München: Goldmann 1980
- Muir, Charles und Caroline, Tantra. Die Kunst des bewussten Liebens, München: Heyne 2001
- Paget, Lou, Der perfekte Liebhaber. Sextechniken, die sie verrückt machen, München: Goldmann 2001
- Schönmayr, Sab/Kessel, Martin: Lexikon der Lustmittel. Frankfurt/Main: Eichborn Verlag 1999
- The Boston Women's Health Book Collective (Hg.): Unser Körper, unser Leben. Ein Handbuch von Frauen für Frauen. Reinbek: Rowohlt 1998
- Wings, Cathy/Semans, Anne: Good Vibrations. Sex fun and safe. München: Goldmann 1996

Filmempfehlungen

(Leider gibt es die Filme zum Teil nur in amerikanischer Sprachversion, sie sind aber dennoch sehr empfehlenswert)

- Annie Sprinkle's Herstory of Porn, Porno-Geschichte aus weiblicher Sicht von der bekannten amerikanischen Sexpertin
- Celebrating Orgasm, Betty Dodson demonstriert mit fünf Frauen orgasmische Erlebnisse
- Die erotische Tao Penismassage, 30 spektakuläre Techniken der Männergenitalmassage, Joseph Kramer
- Female Genital Massage, Über 30 Techniken zum Beglücken der Mösen, Annie Sprinkle und Joseph Kramer
- The Magic of Female Ejaculation, House of Chicks, Dorrie Lane demonstriert spritzige Szenen
- Viva la Vulva, Betty Dodson, eine Homage von zehn Frauen an ihre Genitalien
- Zen Pussy, Annie Sprinkle und Joseph Kramer und elf Möschen zeigen stimulierende Meditationen

- How to Female Ejaculate, ein Anschauungsfilm über die weibliche Ejakulation, Fanny Fatale

Tantra

- Aruna Institut, Tantra-Workshops, www.aruna.info
- Tantra-Online-Shop, www.tantra-shop.ch

Intimer Schmuck

- Birotic: Schmuck und Toys, Biank Rodalquilar, Schlüterstr. 54, 10629 Berlin, Tel. 030/88 55 19 02

Intimplastiken

- Tobis Dildos, Frankfurt, Dildos in Form des eigenen Schniedels, 069/29 58 81
- Das Relief, Am Rückersgraben 35, 63110 Rodgau, Tel. 06106/2 23 76

Natürliche Aphrodisiaka

- Ethnobotanische Rohstoffe, Reutlinger Str. 56, 72072 Tübingen, www.psychoaktives.de

Register